정신현상학의 이념

정신현상학의 이념

초판 1쇄 발행 2016년 5월 1일
초판 2쇄 발행 2023년 2월 10일
—

지은이 강순전
펴낸이 이방원
책임편집 정조연   **책임디자인** 손경화
마케팅 최성수·김 준   **경영지원** 조성규·이석원
—

펴낸곳 세창출판사
　　　　신고번호 제1990-000013호 **주소** 03736 서울시 서대문구 경기대로 58 경기빌딩 602호
　　　　전화 02-723-8660 **팩스** 02-720-4579
　　　　이메일 edit@sechangpub.co.kr **홈페이지** http://www.sechangpub.co.kr
　　　　블로그 blog.naver.com/scpc1992 **페이스북** fb.me/Sechangofficial **인스타그램** @sechang_official
—

ISBN 978-89-8411-612-2 93160

정신현상학의 이념

Die Idee der Phänomenologie des Geistes

강순전 지음

세창출판사

나는 『정신현상학』이 헤겔의 저작들 중에서 가장 난해한 작품이라고 생각한다. 칸트의 인식론이 추상적 형식주의라고 생각한 헤겔은 이 책을 통해 대안을 제시하려고 한다. 그렇기 때문에 이 책은 의식 형태에 따라 각기 상이한 인식의 구체적 내용들을 상세하게 기술하고 있다. 『정신현상학』은 청년기 헤겔의 철학적 노력들을 집대성한 작품으로서 36세 젊은 철학자의 열정과 생동하는 정신을 담고 있다. 그래서 헤겔은 『논리의 학』을 죽기 직전까지 개작하면서도 『정신현상학』만은 "본래적인 (eigentlich)" 작품이라고 하여 개작하지 않았다. 이 책이 이해하기 어려운 이유는 그것이 많은 구체적이고 복잡한 내용을 담고 있기 때문만이 아니다. 그것은 이 책이 그 내용들을 의식의 차원과 논리의 차원이라는 이중적 구조 속에서 서술하기 때문이다. 사태의 복잡함과 형식의 이중 구조는 이 작품을 체계적이고 분명하게 이해하는 것을 매우 어렵게 만든다. 더욱이 이중 구조라는 현상학적 기획은 작품의 서술에서 충분하게 관철되지 않고 있다. 헤겔은 1년여의 짧은 시간 동안 전쟁의 불안한 상황 속에서 이 책을 집필하였다. 이러한 상황은 작품에도 고스란히 반영되어 『정신현상학』의 서술은 불안정한 모습을 보인다. 내용과 형식의 복잡함에 더하여 작품의 불안정성은 그것의 이해를 더욱 어렵게 만든다.

나의 책은 『정신현상학』의 구조, 이념, 방법을 해명함으로써 이 책의 이해를 위한 기초적인 안내를 수행하려고 한다. 『정신현상학』은 현상학이다. 그렇기 때문에 헤겔에게 고유한 현상학이라는 서술 방식을 이해하지 않고는 이 책을 제대로 이해할 수 없다. 현상은 현상하는 본래적인 어떤 것의 현상이기 때문에, 현상학은 본래적인 학문인 논리학을 근저에 깔고 있다. 따라서 『정신현상학』은 현상과 논리라는 이중 구조를 갖는다. 『정신현상학』의 표층에서는 현상으로서 의식의 경험이 서술되며, 의식의 경험은 그 근저에 놓인 논리학의 약도에 따라 전개된다. 이러한 이중 구조를 파악하지 못하고 현상의 다양성에만 매몰되어 있게 되면, 복잡하고 난해한 서술을 자의적으로 해석하는 가운데 내면의 근본적 층위까지 나아가지 못할 수 있다. 반면 현상의 다양성이 그것의 본질인 논리적 규정에 상응한다는 점을 파악하게 되면, 산산히 흩어져 버릴 듯한 현상학적 서술의 복잡함과 난해함은 그 이면의 논리적 규정의 내용에 붙잡혀 골격을 드러내게 된다. 나는 제1장에서 『정신현상학』의 현상학적 이념이 유래한 철학사적 및 헤겔 철학 체계 내적 배경을 소개하고 현상학의 이중 구조를 해명할 것이다.

나는 제2장에서 통상적 인식론, 특히 칸트의 인식론에 대한 비판으로서 기획된 『정신현상학』의 이념을 검토할 것이다. 헤겔은 주관과 객관이 원리적으로 분리되는 인식론 철학의 전제를 비판하면서 "절대자만이 진리"라고 주장한다. 그는 이러한 주장을 직접적으로 서술하지 않고 기존의 인식론 모델들을 비판하면서 자신의 주장을 구성하는 고유한 서술 방식을 통해 논증한다. 자연적 의식의 도야 과정으로서 서술되는 『정신현상학』은 자기의식의 역사라고 할 수 있다. 이것은 칸트의 초월론적 통각(자아)과 범주의 관계 문제를 헤겔 자신의 방식으로 해결한 것이다. 나는 이러한 사실을 해명하면서 헤겔이 어떻게 자연적 의식으로 표상되는 통상적 인식론의 여러 모델들을 지양하여 논리적 필연성에 따라 전개되는 하나의 체계로 조직함으로써 기존의 인식론과 대비되는 독특한 인식론의 유형과 이념을 제시하는지를 소개할 것이다.

제3장은 이러한 이념이 『정신현상학』의 서술에서 어떻게 구체적인 방식으로 실현되는지를 살펴본다. 『정신현상학』은 자연적 의식이 경험을 통해 대상과의 분리를 지양하고 절대적인 앎에 도달하는 과정을 서술한다. 이 과정은 논리학의 약도에 따른 하나의 의식 형태에서 다른 의식 형태로의 필연적인 이행의 계열로 조직된다. 이때 이행은 의식의 두 계기인 지와 대상의 상호작용을 통해 수행된다. 이 수행의 방식은 『정신현상학』의 서론(Einleitung)에서 상세하고 체계적으로 서술되는데, 서술이 매우 난해하여 많은 상이한 해석을 자극하였다. 나는 헤겔의 서술에 대한 분석을 통해 『정신현상학』이 서술하는 의식 경험의 구

체적인 방법적 절차를 해명할 것이다.

제2장과 3장은 『정신현상학』의 서론에 대한 해석이라고 할 수 있다. 나는 서론의 모든 구절에 대한 주석을 시도하지는 않지만, 기존의 해설서들이 시도하지 않은 서론에 대한 비교적 광범위하고 상세한 해석을 시도한다. 기존의 해설서들은 중요하다고 여겨지는 부분들만을 선별하여 취급하였지만, 그러한 해설서를 읽고도 헤겔의 텍스트를 이해하기에는 어려움이 있었다. 나는 나의 해석을 읽고 난 후 헤겔의 텍스트를 읽으면서 이해할 수 있도록, 가급적 헤겔의 논증 순서에 따라 전체 맥락을 이해하는 데 충분할 정도로 해설할 것이다. 『정신현상학』을 이해하기 위해 그것의 약도라고 할 수 있는 서론에 대한 면밀한 검토는 필수적이다. 『정신현상학』은 서설(Vorrede)과 서론의 두 가지 도입부를 갖고 있다. 서론은 헤겔이 본문을 집필하기 전에 『정신현상학』의 서술이 어떤 이념과 방법에 따라 전개될 지를 예비적으로 고찰하는 부분이다. 반면 서설은 본문을 집필하고 난 후에 붙여진 것으로서 『정신현상학』으로의 도입부라기보다는 『정신현상학』을 마무리하면서 『논리의 학(Wissenschaft der Logik)』으로 시작되는 학문의 체계를 위한 도입부라고 볼 수 있다. 따라서 서설이 『정신현상학』이라는 작품에 다소 외적인 것이라면, 서론은 『정신현상학』의 문제제기와 문제 해결의 방식을 소개하는 필수적인 부분이다. 이에 대한 상세한 해명이 필요한 이유도 여기에 있다.

하지만 서론의 서술은 추상적이기 때문에 그것만으로 이해하기가 매우 어렵다. 헤겔은 자신의 철학적 원리들을 서두에 온전히 제시하지 않고 서술의 과정 속에서 점차로 드러낼 뿐만 아니라, 예시를 통해 추상적 이론을 구체화하는 일이 매우 드물다. 따라서 우리는 헤겔의 주장을 이해하기 위해 그의 서술 곳곳에 흩어져 있는 언급들을 짜 맞추어야 하고 추상적 언급에 해당하는 예시를 찾아야 한다. 『정신현상학』 서론은 본론의 서술을 위한 예비적 서술로서 본론의 서술이 어떻게 진행되는지를 보여주는 약도다. 따라서 본론에서 전개되는 구체적인 내용을 염두에 두지 않으면 서론의 논의를 올바로 이해할 수 없다. 이런 이유에서 나는 제4장에서 『정신현상학』 본론의 내용을 압축적인 형태로 제시할 것이다. 본론 부분의 온전한 이해를 위해 충분한 해석을 하려면 몇 권의 본격적인 해설서가 필요할 것이다. 하지만 나는 이 책을 통해 서론을 중심으로 『정신현상학』의 기본적인 이념과 방법을 해명하고자 하기 때문에, 제4장의 서술은 이러한 목적에 기여할 수 있는 정도로만 그칠 것이다. 나는 1, 2, 3장의 연구를 토대로 『정신현상학』의 복잡한 내용이 그 근저에 놓인 논리에 의해 골격을 드러낼 수 있도록 유념하면서 본론의 내용을 재구성할 것이다. 『정신현상학』의 윤곽만을 파악하고자 하는 독자들이 있다면, 제4장의 독해만으로도 자신의 목적을 달성할 수 있을 것이다. 1, 2, 3장의 논의가 너무 추상적이어서 어렵다고 느끼는 독자들도 4장의 구체적 예시들을 먼저 읽고 처음으로 돌아가서 읽는다면 보다 쉽게 접근할 수 있을 것으로 생각된다.

마지막으로 부록으로 『정신현상학』의 서론에 대한 번역문을 덧붙인다. 서론의 서술은 매우 추상적이면서도 함축적이기 때문에 내용에 대한 충분한 이해 없이는 정확히 번역하기 어렵다. 나는 서론을 수업에서 학생들과 함께 분석하고 해석하기에 충분할 정도로 명료하게 번역하려고 노력하였다. 이 책은 수업의 교재로도 활용될 수 있다. 수업은 우선 제4장을 통해 『정신현상학』의 개요를 소개하고 학생들과 함께 서론의 텍스트를 읽으면서 분석하는 방식으로 진행될 수 있다. 서론은 추상적이고 함축적으로 서술되었지만 분명한 논증을 포함하고 있기 때문에, 본론의 예들을 생각하면서 텍스트를 분석하고 논증을 찾아내는 훈련을 한다면 텍스트 독해력을 증진시킬 수 있다. 서론과 본론은 해석학적 순환관계에 있다. 서론을 이해하기 위해서는 본론의 예시들이 필요하다. 거꾸로 본론을 정확히 이해하기 위해서는 서론의 약도를 가지고 있어야 한다. 이러한 점을 염두에 두면서 제4장과 부록을 활용하면 이 책은 수업을 위해 유용한 교재로 사용될 수 있을 것이다.

출판계가 여러 가지 어려움에 처해 있고 대학에서 인문학의 입지가 점점 좁아지는 시기에 순수 인문학술서의 출판을 허락해 주신 세창출판사 이방원 사장님의 배려와 관계자 여러분의 노고에도 진심으로 감사드린다.

2016년 5월
강순전

정신현상학의
형성과 구조

1

정신현상학의 철학사적 의미와
헤겔 철학 체계 내에서의 의미

우리는 통상적으로 헤겔의 주저로서 『정신현상학』, 『논리의
학』, 『법철학』의 세 권을 꼽는다. 시기적으로 첫 번째로 쓰인 『정
신현상학』은 헤겔 철학 체계 내에서 독특한 의미를 가질 뿐 아
니라 사람들이 주목하지 못한 철학사적인 의미 또한 갖고 있다.
『정신현상학』은 정신의 **현상학**이다. 현상학이라는 학문은 **현상**
에 관한 학문이다. 플라톤에 따르면 현상은 이데아의 **진리**가 감
각에 의해 흐려진 상태다. 현상은 이데아의 현상이며 이데아의
모사(Abbild, copy)다. 따라서 현상은 원형인 이데아의 진리에 비
해 존재론적으로나 인식론적으로나 낮은 가치를 지닌다. 이러
한 의미에서 볼 때 현상학은 진리의 학보다 하위의 학문이라고
할 수 있다. 하지만 현상이라는 것은 투명한 방식으로 존재하는
진리 자체는 아니지만 **진리**가 경험을 통해 인간 의식에 드러나
는 방식이다. 따라서 진리를 파악해야 하는 유한한 인간 인식에
게 **현상**에 대한 파악은 **진리**로 나아가는 방법에 대한 탐구라고
할 수 있다. '현상'이라는 개념은 플라톤 이래로 철학의 주요한
탐구 대상으로 간주되었지만, 특히 인간 인식에 대해 각별한 관
심을 기울였던 근세에는 이 개념에 대한 다각적이고 광범위한
해명이 시도되었다. 헤겔의 『정신현상학』은 이러한 노력의 일
환이라고 할 수 있다.

이러한 노력은 당시 강단 철학의 전통을 확립했던 볼프(Christian Wolff)가 만들어 낸 철학의 구분에 의해 방향 지어졌다. 볼프는 철학 체계를 크게 논리학과 형이상학으로 구별하고, 후자를 일반형이상학과 특수형이상학으로 구분하였다.[1] 볼프가 진리의 영역으로 간주했던 형이상학 앞에 논리학을 위치시킨 것은 진리를 다루기 전에 진리를 다루기 위한 인간의 사고, 즉 논리학을 먼저 탐구해야 한다는 그의 의도를 나타낸다. 논리학에 대한 탐구 없이 형이상학의 진리에 도달할 수 없으며, 우리의 탐구는 진리의 앞마당인 논리학에만 머물러서도 안 되고 형이상학에까지 나아가야 한다. 볼프가 이렇게 구별한 이후로 근세철학에서 논리학과 형이상학은 불가 분리한 관계 속에서 하나의 분과를 형성한다. 칸트가 처음에 지원했던 교수의 직(Lehrstuhl)도 '논리학과 형이상학'이라는 명칭의 것이었다. 칸트는 이 최초의 지원에서 교수직을 얻지 못한다. 그는 얼마 후 시학(Dichtkunst)에 관한 교수직을 의뢰 받지만 이번에는 칸트 자신이 수락을 거절한다. 이후에 그는 46세가 되어서야 비로소 '논리학과 형이상학'에 관한 교수직을 얻어 처음으로 교수가 된다.

---

[1] 볼프의 라틴어 전집(II. Abt.)은 그가 구분한 철학 체계에 따라 제1철학 혹은 존재론(philosophia prima sive ontologia)이 대표하는 일반형이상학과 우주론(cosmologia), 심리학(psychologia), 신학(theologia)으로 구성되는 특수형이상학, 이 양자로 형성된 **형이상학** 앞에 합리적 사유(cogitationes rationales), 즉 **논리학**이 놓인다. 독일어 전집(I. Abt.)도 제1권 논리학이 신, 영혼, 우주의 문제를 다루는 제2권 형이상학 앞에 놓인다.(Ch. Wolff, *Vernünftige Gedanken (1), Logik*, Gesammelte Werke, I. Abt., Hildesheim 1965, Ders., *Vernünftige Gedanken (2), Metaphysik*, Gesammelte Werke, I. Abt., Hildesheim 1983 참조)

이러한 칸트의 선택으로 보아 칸트가 '논리학과 형이상학'이라는 분야를 얼마나 중요하게 여겼는지를 짐작할 수 있다.

헤겔이 예나 대학에서 처음으로 하였던 강의의 제목도 "논리학과 형이상학"이다. 그는 같은 제목의 강의를 1801년부터 1804년까지 매해 반복하면서 자신의 철학 체계를 구상해 나간다.[2] 1804년의 강의에서 헤겔은 자신의 철학 체계 전체를 다룬다. 거기서 그가 구상한 철학 체계의 내용은 "사변철학(논리학과 형이상학), 자연철학과 정신철학"이다. 이렇게 구상된 철학 체계에서 '논리학과 형이상학'은 사변철학, 즉 이론철학으로서 나란히 철학의 제1부를 형성한다. '논리학과 형이상학'은 체계의 기초를 형성하고 자연철학과 정신철학 같은 실재철학이 그 위에 구축된다. 칸트는 진리를 다루기 이전에 진리를 다루기 위한 도구인 우리의 사고를 먼저 탐구해야 한다는 볼프의 정신에 따라 예비학으로서의 『순수이성비판』을 ―자신이 윤리의 형태로만 가능하다고 생각했던― 형이상학에 앞세운다. 헤겔도 이러한 전통에 따라 논리학과 형이상학의 관계를 전자가 후자로의 도입 역할을 하는 것으로서 설정한다. 헤겔은 논리학을 하나의 유한한 사고 규정이 그 유한성으로 말미암아 자신을 지양하고 다른 사고 규정으로 이행하는 유한한 사고의 영역으로 기획한다. 반면에 형이상학은 자기 자신에 머무는 무한한 사유 규정인 진

---

2 이하 K. Rosenkranz, *Georg Wilhelm Friedrich Hegels Leben*, Mit einer Nachbemerkung zum Nachdruck, hg. von O. Pöggeler, Darmstadt, 1977, 160ff. 참조.

리의 영역이다.

그런데 『정신현상학』이 집필되던 1806년의 강의에서는 사변
철학의 내용으로 더 이상 '논리학과 형이상학'이 아니라 '현상
학과 논리학'이 다루어진다. 말하자면 헤겔은 논리학과 형이상
학이라는 전통적 구분 대신에 '현상학과 논리학'을 철학 체계의
1부에 위치시킨다. 헤겔이 이렇게 명칭을 변경한 것은 '현상학'
이라는 용어를 처음으로 만들어 낸 람베르트(J. H. Lambert)의 영
향 때문이다. 람베르트는 진리론으로부터 구분되는 가상론으로
서 '현상학'이라는 이름의 학문을 구상한다.[3] 그는 가상으로부터
진리를 구별하는 것이 필수적임에도 불구하고 그때까지 이성
론에서 현상학이 거의 다루어지지 않았다고 지적하면서, 실제
의 사태와 지각된 것 사이의 관계를 다루는 현상학의 이론을 전
개한다. 람베르트의 현상학은 현상으로부터 사태로, 사태로부
터 현상으로 추론해 가는 경험과 연습이며, 지각의 감각적 가상
속에서 작동하는 기제를 해명함으로써 물질세계의 참된 관계를
인식하려는 시도다. 람베르트에게 현상학은 원리론에 뒤따르는
부수적인 역할을 한다. 칸트 역시 람베르트의 영향을 받았지만,
그는 볼프의 정신에 따라 현상학에 해당하는 『순수이성비판』을
형이상학에 앞세움으로써 『순수이성비판』으로 구상된 현상학
에 람베르트가 했던 것보다 더 큰 의미를 부여한다. 헤겔 역시

---

3 이하 W. Bonsiepen(1988), IX-XVI쪽 "A. 현상학이라는 개념에 대하여" 참조. 람
   베르트의 저서는 *Neues Organon oder Gedanken über die Erforschung und Beziehung des*
   Wahren und dessen Unterscheidung vom Irrtum und Schein, 2 Bde, Leipzig 1764이다.

칸트와 함께 볼프의 전통에 따르면서 『정신현상학』을 자신의 형이상학이라고 할 수 있는 『논리의 학』에 선행시킨다.

헤겔 철학 체계의 제1부를 차지하던 '논리학과 형이상학'을 '현상학과 논리학'이 대체하고, 그것은 『정신현상학』과 『논리의 학』이라는 작품의 형태로 나타난다. '논리학과 형이상학'에서 '현상학과 논리학'으로의 변경은 단순한 명칭 변경 이상의 의미를 지닌다. 그것은 헤겔의 철학적 방법론에 있어서 획기적인 발전이 있었음을 의미한다. 1804년 여름 학기의 강의에서 "사변철학(논리학과 형이상학), 자연철학과 정신철학"으로 자신의 체계를 구상했던 헤겔은 1804년 여름에서 1805년 초에 걸친 겨울 학기에 자신의 체계를 서술할 책을 출판하기 위해 집필을 시작한다. 하지만 그는 집필을 중도에 포기하고 만다. 이 미완성 원고는 『논리학, 형이상학, 자연철학』이라는 제목으로 전집에 수록되어 있다. 『논리학, 형이상학, 자연철학』은 헤겔의 초기철학에서 최초의 주저인 『정신현상학』이 보여 주는 철학적 성숙으로 나아가는 과도기에 위치한다. 그것은 미완의 과도기적 성격을 지닌 작품이지만 헤겔 철학의 발전사에서 매우 중요한 의미를 지니고 있다.[4] 이 저서에서 헤겔은 이전처럼 '논리학과 형이상학'을 철학의 체계의 제1부로서 기획한다. 여기서 논리학은 유한한 인식을 대변하며, 무한한 인식인 형이상학으로의 도입의 역할을

---

4 G. W. F. Hegel, *Logik, Metaphysik, Naturphilosophie. Fragment einer Reinschrift (1804/05)*, in: *Jenaer Systementwürfe II*, Gesammelte Werke 7, Hamburg 1968ff.

한다. 그는 논리학의 방법을 변증법이라고 칭한다. 이 책에서 비로소 변증법은 대립자의 통일이 모순에 부딪혀 무로 돌아가는 것이 아니라, 다음 단계로 이행하는 규정적 부정이라는 방법으로서 등장한다. 그전까지 헤겔은 대립자들이 유한하기 때문에 이 유한한 대립자들의 통일을 통해서 참된 진리 인식에 도달하고자 하는 변증법적 방법을 구상했다. 하지만 대립자들의 통일은 서로를 부정하는 모순 속에서 무를 결과하는 것으로밖에 생각되지 못했다. 이제 『논리학, 형이상학, 자연철학』 속에서 논리학의 방법인 변증법은 대립자들의 통일로부터 다른 규정으로 이행하는 방식을 방법론적으로 조작할 수 있게 된다. 그뿐만 아니라 변증법이라는 유한한 인식의 방법은 무한한 인식인 형이상학의 규정들을 서술하는 데도 적용된다. 그럼으로써 '논리학과 형이상학'의 구분은 명목적인 것일 뿐, 사실상의 서술에서는 방법론적으로 두 분야가 통일을 이루게 된다. 이 통일은 논리학의 방법이 형이상학에까지 확장되는 방식으로 이루어진다. 그럼으로써 논리학은 형이상학적 논리학, 즉 ─헤겔 고유의 용어로─ 사변적 논리학이 된다.[5]

논리학은 **형이상학적**, 사변적 **논리학**으로 되면서 이제 형이상학의 위치를 대신하게 된다. 이와 함께 무한한 인식으로 도입하는 유한한 인식의 자리에 '논리학'이라는 명칭 대신 **'현상학'**이라

---

5   이에 대한 보다 자세한 논의는 강순전,「헤겔 철학에서 반성의 전개와 변증법의 형성」,『철학연구』44집 봄, 철학연구회, 1999, 특히 275ff. 참조.

는 명칭이 들어선다. 이렇게 해서 학의 1부인 사변철학의 자리를 '논리학과 형이상학' 대신에 '현상학과 논리학'이라는 명칭의 분과가 채우게 된다. 『논리의 학』이라는 저서로 대변되는 헤겔의 사변 논리학은 진리의 영역에 관한 서술로서, 이전에 형이상학을 위한 예비학을 지칭했던 논리학과는 구별되어야 한다. 헤겔은 애초에 예비학으로서의 논리학을 구상할 때도 단순한 형식적 사고의 훈련인 일반 논리학이 아니라 칸트의 범주가 표현하는 초월 논리(transzendentale Logik)를 염두에 둔다.[6] 칸트의 초월 논리학은 사고의 형식적 규칙이 아니라, 감성적 직관의 대상에 적용되는 한에서 유의미하게 사용되는 순수오성개념들을 다룬다. 말하자면 감성적 경험의 대상을 가능케 한다는 의미에서 칸트의 범주는 한갓된 사유형식이 아니라 대상 연관적인 것이다. 하지만 헤겔은 칸트의 『순수이성비판』이 여전히 주관과 객관의 통일을 이루지 못한 반성철학이라고 생각했고, 칸트의 범주가 여전히 형식적이어서 대상과 유리되어 있다고 판단했다.[7] 헤겔

---

6 1801/02년 겨울 학기 '논리학과 형이상학' 강의를 수강한 트록슬러의 강의노트는 논리학에 관한 강의 내용을 수록하고 있다. 거기서 우리는 당시 헤겔이 동일과 비동일, 질료와 형식, 양, 질, 관계, 단일성, 다수성, 전체성, 실체성, 인과성, 상호성과 같은 논리 규정들을 다루었음을 확인할 수 있다.(K. Düsing, *Schellings und Hegels erste absolute Metaphysik (1801-1802). Zusammenfassende Vorlesungsnachschriften von I. P. V. Troxler*, eingeleitet und mit Interpretationen versehen von K. Düsing, Köln 1988, 63-77 참조) 특히 이 강의노트의 끝에 "초월 논리학 끝(Ende der Transzendentallogik)"이라고 적혀 있는 점으로 보아 당시 헤겔은 논리학이라는 분과에서 칸트의 초월 논리의 내용과 같은 것들을 구상했음을 알 수 있다.

7 헤겔이 칸트의 철학을 반성철학이라고 칭하면서 비판한 것은 칸트 인식론 철학의 핵심적 사상에 대한 올바른 통찰에서 기인한다고 생각된다. 칸트는 한편으로 『순수

은 이러한 통일을 위해 칸트의 범주들을 세분화하고자 했다. 칸 트는 『순수이성비판』에서 범주표를 소개한 뒤, 범주표를 상세하 게 전개한다면 "초월론 철학의 완전한 체계" 혹은 "미래의 순수 이성의 체계"에 도달할 수 있을 것이라고 말한다. 하지만 범주

이성비판』과 『판단력비판』의 곳곳에서 신적인 직관적 오성과 대비되는 인간의 논 변적 오성(diskursiver Verstand)의 제한적 특징을 강조한다. 말하자면 직관적 오성 이 표상작용과 동시에 그것의 대상을 산출하는 것이라면, 인간의 오성은 인식작용 에 있어서 감성적 직관의 잡다가 주어지는 조건 하에서 그 잡다를 결합하는 사고작 용을 할 수 있을 뿐이라는 것이다. 다른 한편으로 칸트는 자신의 저서 『논리학』에서 모든 인식은 직관이거나 개념이라고 한 후, "직관을 개별표상, 개념을 보편표상 혹 은 반성표상(reflektierte Vorstellung, repraesentat. discursiva)"이라고 규정한다.(Kant, *Logik*, Gesammelte Schriften, Akademie Ausgabe, Bd. 9, Berlin 1900ff., 91) 칸트에 따르면 신과는 달리 인간만이 개념적 사고를 하는데, 인간이 사고에서 사용하는 개 념은 반성적인(reflektierte) 표상이다. 반성표상(reflektierte Vorstellung)의 라틴어 표 현(repraesentat. discursiva)에서 알 수 있듯이 개념이 반성적(reflexiv)이라는 본성 규 정은 ─논변적일 수밖에 없는─ 인간 오성과 그것의 개념이 논변적으로(diskursiv) 사용될 수밖에 없다는 제한과 상통하는 것이다. 칸트에게 철학은 개념으로부터의 이성 인식이고, 개념은 철학적 인식의 근본 도구다. 하지만 하나의 인식 원천으로 서 개념은 항상 자신과 다른 인식 원천으로서의 직관을 필요로 한다. 이런 의미에 서 논변적 오성(diskursiver Verstand)을 통한 인간 인식은 자신의 사고가 적용될, 반 사면으로서의 직관을 필요로 하는 반성작용(Re-flexion)이다. 반성이라는 인식작 용은 이미 인식을 수행할 개념의 본성 속에 제한적 조건으로 내재되어 있다. 헤겔 은 반성철학이라는 개념을 가지고 칸트의 인식론 철학이 갖는 이러한 핵심 사상을 지칭하는 것으로 생각된다. 후에 헤겔은 자신의 저서 『논리의 학』에서 직관과 개 념을 결합하는 칸트의 '종합(Synthesis)'이 단지 "외적인 통일"일 뿐이라고 비판한 다.(Hegel, *Wissenschaft der Logik II*, Therorie Werkausgabe, Werke in zwanzig Bänden, Frankfurt. a. M. 1969ff., Bd. 6, 261/22, 뒤의 쪽수는 Hegel, *Wissenschaft der Logik II*, Gesammelte Werke, Bd. 12의 것, 이하 같은 순서로 두 전집의 쪽수를 병기한다.) 물 론 칸트는 『순수이성비판』의 "반성개념의 다의성" 장에서 '반성'을 인식작용으로서 가 아니라 대상에 대한 인식에 앞서 그 대상이 감성의 대상(Phaenomenon)인지 혹 은 오성의 대상(Noumenon)인지를 숙고하는(überlegen) 초월론적 활동으로서 규정 한다. 하지만 칸트의 이러한 용어 사용에도 불구하고 헤겔이 칸트 철학을 반성철학 이라고 지칭하는 것은 '개념'에 대한 칸트 자신의 규정, 오성과 개념의 반성적 특성, 직관과 개념의 이원론에 기초해 볼 때 적확한 표현이라고 할 수 있다.

표의 구체화 작업은 단지 비판적 기획에 머무는 『순수이성비판』에서는 전개될 수 없다고 말하면서 그에 대한 서술을 미래의 과제로 남겨 놓는다.[8] 헤겔은 칸트가 남겨 놓은 이 과제를 수행하고자 한다. 헤겔은 예비학으로서의 논리학에서 단순히 사고 훈련을 도모하는 것이 아니라, 칸트의 범주들이 표현하는 논리를 무한한 인식인 형이상학으로 고양함으로써 진리를 서술하고자 한다. 이를 위한 방법이 사실상 1804/05년에 집필한 『논리학, 형이상학, 자연철학』에서 고안됨으로써 논리학은 사변적 논리학으로 되고 절대적이고 무한한 진리의 영역을 대변하게 된다.

사변적 논리학과 더불어 헤겔은 목표하였던 진리의 영역에 도달한다. 이제 이 영역에서 진리로서의 학문을 서술하면 될 뿐 더 이상 진리의 영역으로 입문하는 예비학은 필요 없을 것으로 보인다. 헤겔이 철학을 무엇으로 간주했고 철학적 진리의 성격을 어떻게 규정했는지를 생각해 보면 일종의 예비학으로서의 『정신현상학』이라는 작품의 존재는 더 큰 수수께끼로 남는다. 칸트 이후의 소위 독일관념론자들에게 철학은 더 이상 소크라테스와 같은 고대인들이 생각했던 한갓된 진리에 대한 사랑이 아니다. 진리에 대한 사랑은 진리에 도달하고자 하는 노력에도 불구하고 진리 자체를 소유하지 못할 수도 있다. 하지만 근대 독일의 철학자들은 이미 자연에 대한 학문으로서 자연과학

---

8 "Das vollständige System der Transzendental-Philosophie"(I. Kant, *Kritik der reinen Vernunft*, Hamburg 1998, B107), "das künftige System der reinen Vernunft"(같은 책, B249).

이 대상에 대한 진리를 얼마나 성공적으로 제시할 수 있는지를 알고 있다. 그들에게 철학은 더 이상 진리에 대한 사랑이 아니라 학문(Wissenschaft)이어야 하고, 더욱이 체계(System)로서의 학문이어야 한다. 더 나아가 헤겔은 셸링과 함께 학문으로서의 철학이 탐구하는 진리가 절대적인 것(das Absolute)에 대한 서술이며 절대적인 진리여야 한다고 주장한다. 이미 청년 헤겔은 자신의 친구 휠덜린과 함께 당대의 의식철학이 보여 주는 분열과 분리를 반성철학(Reflexionsphilosophie)이라고 비판하면서 통일철학(Vereinigungsphilosophie)을 열망하였다. 휠덜린을 떠나 셸링에게로 온 헤겔은 이 청년기의 이상을 철학적 형태로 실현하고자 한다. 이제 통일은 절대적인 것, 절대자(das Absulute)로 표상되며 철학적, 개념적 작업을 통해 도달해야 할 목표로 된다. 철학이 절대적 진리에 대한 학문이라고 한다면, 이제 그것의 외부에 무엇이 더 필요하겠는가? 절대적 진리의 외부에 있는 어떤 것도 진리 바깥에 있을 것이다. 그러니 헤겔이 절대적 진리의 영역을 서술할 방법을 고안함으로써 이미 진리의 영역에 도달해 있다고 한다면, 이 외부에 있을 현상학에 대한 요구는 제기될 필요가 없을 것이 자명하다.

그럼에도 불구하고 헤겔은 학문이 표방하는 진리의 영역으로부터 일상적 개인에게 "사다리"를 내려 줄 필요가 있다고 생각한다.[9] 헤겔은 일상적 개인이 갖는 의식을 자연적 의식이라고

---

9 PhG, 29/23, 『정신현상학』은 PhG로 생략하여 본문에 인용하며, 첫 번째 쪽수는

칭한다. 진리를 아는 철학자는 자연적 의식에게 진리의 왕국으로 올라오는 사다리를 내려 줄 필요가 있고, 그러한 사다리 역할을 하는 것이 『정신현상학』이다. 이렇게 생각함으로써 헤겔은 칸트와 함께 볼프적 전통을 따르는 것이다. 또한 헤겔은 이러한 전통을 따르는 『순수이성비판』의 방식의 불충분성을 비판하고 있지만, 예비학의 필요성은 인정한다. 이것이 절대적 진리의 학문을 추구하면서도 셸링과 달리 지적 직관에 의존하지 않고 칸트와 같이 개념적 방식으로 절대적인 것을 사유하려는 헤겔 철학의 특징이다. 셸링은 절대자를 상대적인 것이 갖는 구별을 넘어서는 피안으로서 생각하기 때문에, 그에게 절대자는 무차별자로서 어떤 구별도 갖지 않는다. 따라서 셸링은 절대지(絶對知, das absolute Wissen)로서의 진리가 어떻게 자연적 의식의 영역에 현상지(現像知, das erscheinende Wissen)로서 나타날 수 있는지를 설명할 수 없다. 반면에 헤겔은 셸링과 달리 자연적 의식이 필연적으로 어떻게 절대지의 진리에 이를 수 있는 지를 보여 줄 수 있다고 생각한다. 헤겔은 이 과정을 서술할 수 있는 것이 셸링 철학에 대해 자신의 철학이 갖는 차별적 우월성이라고 생각한다. 그는 이러한 의미에서 『정신현상학』의 서론에서 셸링 철학을 소들을 구별할 수 없는 캄캄한 밤에 비유한다. 셸링과 헤

G. W. F. Hegel, *Phänomenologie des Geistes*, Therorie Werkausgabe, Bd. 3, Frankfurt/M 1969ff.의 것을, 두 번째 쪽수는 G. W. F. Hegel, *Phänomenologie des Geistes*, Gesammelte Werke, Bd. 9의 것을 가리킨다. 원어 병기는 첫 번째 판본의 현대화된 정서법을 따른다.

겔이 공동 작업을 했던 예나 시기의 두 사람의 저작들을 보면 매우 유사한 표현과 생각들을 발견할 수 있다. 반면에 헤겔은 셸링과 더불어 칸트와 칸트적인 철학으로서의 피히테 철학을 신랄하게 비판한다. 하지만 헤겔 철학을 면밀히 탐독하면 이러한 표면상의 적과 동지 관계와는 반대되는 내용을 발견할 수 있다. 마르크스가 포이어바흐와 유물론적 당파성을 공유하면서도 그에게 결여된 헤겔의 변증법을 철학적으로 더 높게 평가했듯이, 헤겔은 절대성의 당파성을 셸링과 공유하면서도 철학은 이성으로부터의 개념적 작업이라는 칸트의 방법을 자신의 철학에서 더 중요한 요소로 계승한다. 물론 헤겔은 개념에 관해 칸트와는 다른 구상을 갖고 있었지만 말이다.

헤겔은 칸트의 『순수이성비판』과는 다른 방식이지만 그것과 같이 진리로의 도입이 필요하다고 생각하면서 그러한 작업을 『정신현상학』을 통해 수행한다. 『정신현상학』이 자연적 의식에게 절대적 진리로서의 학문에 이르는 사다리를 내려 주는 것이라면, 『정신현상학』의 작업은 자연적 의식을 훈육하는 것이라고 할 수 있을 것이다. 그것은 감성적 확신, 지각, 오성 등의 예를 통한 예시적 교육과정을 거치면서 자연적 의식으로 하여금 자신의 제한을 벗어나게 하는 자연적 의식에 대한 계몽이라고 할 수 있다. 하지만 이것은 사다리를 내려 주는 진리인 학문의 입장에서 서술하는 수사(Rhetorik)로서 이해해야 한다. 우리는 훈육, 계몽이라는 용어가 줄 수 있는 선입견을 가지고, 『정신현상학』의 과정을 마치 진리를 아는 철학자가 일상적 의식에게 진리의 내용을 권위적으로 주입하는 것처럼 이해해서는 안 된다. 헤겔은 『정신현상학』의 과정을 자연적 의식 자신이 경험을 통해 필연적으로 진리에 이르는 과정으로 서술한다. 그래야만 이 서술의 목표인 절대적 진리의 학문의 타당성이 정당화될 수 있기 때문이다.

2 | 의식의 경험의 학에서 『정신현상학』으로

흔히 생각하듯이 『정신현상학』이라는 이름으로 출판된 저서는 저술 전체가 완성된 후 한꺼번에 인쇄된 것이 아니다.[10] 헤겔은 애초에 '학의 체계'라는 대 제목 아래 제1부 '의식의 경험의 학'과 제2부 '사변철학 혹은 논리학'을 한 권의 책으로 출판할 계획이었다. 1806년 2월에 제1부 중 전반부가 "의식의 경험의 학"이라는 제목을 달고 인쇄에 넘겨졌다. 하지만 같은 해 8월에 헤겔은 강의 공고에서 '학의 체계' 1부가 곧 출간될 것이라고 예고하지만 그것의 제목은 '의식의 경험의 학'이 아니라 '정신현상학'이었다. 이렇게 변경된 이유는 책의 첫 부분이 인쇄되는 동안 헤겔이 둘째 부분을 집필하였는데 애초의 계획보다 양이 방

---

10 『정신현상학』의 생성사에 관한 자세한 내용은 Bonsiepen, "Einleitung," *Phänomenologie des Geistes*, Studienausgabe, hrsg. v. H.-F. Wessels und H. Clairmont, Hamburg 1988, XVIIff. 참조.

대해져서 제2부의 논리학의 내용을 같은 책에 담을 것을 포기하였기 때문이다. 제1부의 내용도 이제 불어난 후반부의 내용이 중심이 되기 때문에, 헤겔은 이미 인쇄된 원래의 제목 '의식의 경험의 학'을 빼어 버리고, 학의 체계 제1부를 '정신현상학'이라는 새로운 이름으로 출판한다. 최종적인 책의 제목은 '정신현상학'이어야 했기 때문에 처음 인쇄에 넘겨졌던 부분에 붙어 있던 "의식의 경험의 학"이라는 제목은 모두 제거되어야 했지만 몇 개의 샘플에서는 실수로 이 제목이 제거되지 않은 채 남아 있다.[11] 이러한 작품사적 전환이 애초의 '의식의 경험의 학'의 구상을 '정신의 현상학'으로 바꾸어 놓았고, 이 저작의 전반부와 후반부는 상이한 성격의 내용을 지니고 있다.

헤겔이 후에 쓴 다른 주저 『논리의 학』은 1811년부터 1816년에 걸친 긴 시간 동안 고등학교 교장이라는 안정된 직장을 갖고 결혼도 한 상태에서 차분히 집필되었다. 하지만 『정신현상학』은 1805년 여름 이후부터 1807년 2월 마지막 서설(Vorrede)이 쓰이기까지 1년 남짓의 짧은 시간 동안 전쟁의 불안한 상황 속에서 탈고되었다. 그럼에도 불구하고 그렇게 풍부한 내용이 한 권의 책 속에 그 짧은 시간에 담겼다는 것은 놀라운 사실이다. 이러한 사정이 『정신현상학』을 이해하는 것을 더욱 어렵게 만든

---

11 "의식의 경험의 학"이라는 제목은 최종적으로 출판된 저작의 형태만을 담고 있는 여타의 전집들에서는 확인될 수 없지만 역사비판본 전집에서는 부록에 '원래의 사이제목'으로서 붙여져 있다.(Hegel, *Phänomenologie des Geistes*, Gesammelte Werke, Bd. 9, 444 참조)

다. 본래 『정신현상학』의 서술은 진리와 현상이라는 이중적 구조를 갖기 때문에 단일 구조를 갖는 진리에 대한 서술인 『논리의 학』보다 복잡하다. 애초에 헤겔은 '의식의 경험의 학'이라는 계획을 가지고 집필을 시작하였고 이렇게 작성된 전반부, 특히 의식 장의 세 주제는 현상과 진리, 자연적 의식의 형태들과 그에 상응하는 논리 규정들 사이의 대응이 선명할 뿐 아니라, 한 의식 형태에서 다른 의식 형태로의 이행의 방식도 논리적인 방식으로 조직되었다. 하지만 헤겔이 친구 셸링에게 이 작품의 구성에 있어서 달갑지 않은 혼란이 있고 후반부는 커다란 기형을 보이고 있다고 고백한 것처럼,[12] 이성 장과 정신 장의 양은 다른 장들에 비해 기형적으로 방대하며 정신 장은 더 이상 의식의 형태가 아니라 세계의 형태를 기술하고 있다. 자연적 의식과 그에 상응하는 논리적 규정 사이의 상응관계를 보이면서 자연적 의식이 논리적 필연성 속에서 정신의 진리에 도달하는 것을 보여주려는 헤겔의 계획은 뒤로 갈수록 불투명해진다.

따라서 이 작품은 원래의 제목 '의식의 경험의 학'과 최종적인 제목 '정신의 현상학'이 대변하는 두 가지 면모를 모두 보이고 있다. '의식의 경험의 학'으로서 이 작품은 자연적 의식이 경험을 통해 필연적으로 정신의 진리에 이르는 과정을 엄밀한 논리성을 가지고 서술한다. 다른 한편으로 '정신의 현상학'으로서 이 작품은 정신의 풍부한 내용을 서술하고 있으며 의식이 경험

---

12 Hegel, *Briefe von und an Hegel*, hg. v. J. Hoffmeister, Bd. 1, Hamburg 1952, 161 참조.

하는 모든 내용도 정신이 현상한 것이라고 주장한다. 그런데 이 두 가지 면모는 작품사적인 변화에서 읽히듯이, 애초의 계획에 따른 전반부는 의식의 경험의 학의 특징을 강하게 보여 주고 후반부에서는 정신의 현상학의 특징이 두드러지게 나타나는 방식으로 드러난다. 하지만 이러한 진행상의 특징은 작품사적인 변화를 통해 다소의 불균형으로 나타나긴 했지만, 본래 의식이 정신에 도달하려는 의식의 모험의 여정을 그리려는 헤겔의 계획에 따른 것이다. 의식은 자신의 경험을 통해 의식이라는 성질을 상실하고 정신으로 된다. 의식이란 항상 "~에 대한 의식"으로서 지향성을 본성으로 하고 있다. 그렇기 때문에 의식은 원리적으로 의식과 그것의 대상이라는 분리를 포함한다. 의식의 경험은 지(Wissen)와 대상(Gegenstand) 사이의 분리를 극복하고자 하는 의식의 노력이다. 이 분리의 극복은 곧 지와 대상의 통일로서 진리다. 의식의 경험이 온전히 경과하면 의식은 정신에 도달하는데, 정신은 자신 안에서 더 이상 지와 대상이 분리되지 않는 진리의 영역이다. 항상 대상을 지향하는 의식은 대상에 붙잡혀 있기 때문에 대상적 성격을 갖는다. 경험이 경과하면서 의식이 진리에 도달한다는 것은 이러한 대상으로부터 점차 해방되어 대상적 불투명성으로부터 개념적 투명성으로 진행한다는 것이다. 헤겔은 『정신현상학』의 결론부인 절대지 장에서 이저작이 서술하는 과정의 특징을 "실체가 주체로, 의식의 대상이 … 지양된 대상인 개념으로 전화하는 것"(GW9, 585/429)이라고 묘사하고 있다. 의식은 대상에 묶여 있다는 점에서 실체적이다. 하지만 의식이 대립으로부터 벗어난다는 것은 대상적 질료 성으로부터 해방되어 주체적인 것, 개념적인 것으로 투명하게 된다는 것이다. 의식은 경험의 과정을 거쳐 가면서 차차 이러한 자신의 근본적 속성을 벗고 주체적인 정신 혹은 개념으로 된다. 따라서 진행의 성격은 앞으로 나아갈수록 전자의 성격이 약해 지고 후자의 성격이 강해지는 양자의 정확한 반비례관계로서 나타난다.

『정신현상학』은 자연적 의식이 자신의 제한을 벗어나면서 진 리를 깨우쳐 가는 전진적 과정으로 볼 때는 '의식의 **경험**의 학'이 고, 거꾸로 정신의 입장에서 볼 때는 정신의 내용이 자연적 의 식 속에서 나타나는 '정신의 **현상**학'이다. 하지만 이 책의 이해 를 위해서는 이 책이 본래 의식의 경험의 학으로서 기획되었다 는 사실을 염두에 두어야 한다. 정신은 진리의 내용으로서 정신 자체에 대한 서술은 현상학이 지니는 이중 구조 속에서가 아니 라 절대적 지평의 단일 구조 속에서 서술되면 된다. 그러한 서 술은 『논리의 학』이 될 것이다. 하지만 정신의 진리에 대한 절 대적인 서술이 아니라, 그것이 어떻게 **현상**하는가를 서술하려 면 그것은 '의식의 경험의 학'이 되어야 한다. 왜냐하면 정신의 진리가 현상하는 장소는 의식이기 때문이다. 사실 '의식의 경험 의 학'과 '정신의 현상학'은 같은 서술을 특징짓는 두 가지 관점 이다. 하지만 헤겔이 애초에 기획했던 의식의 경험의 학은 의식 이 논리적 규정에 상응한다는 사실을 서술할 뿐만 아니라, 지와 대상의 상호작용, 즉 의식이 자신의 지의 타당성을 검사하고 그 결과 자신을 부정하고 다른 의식 형태로 이행해야 하는 모든 과정을 논리적 필연성에 의해 조작하려고 의도한다. 의식의 경험의 학이 갖는 이러한 관점에 주목해서 읽을 때만 우리는 자연적 의식이 경험의 필연적 과정을 통해 정신의 진리에 도달하게 함으로써 학문을 정당화하려는 예비학으로서의 현상학의 이념을 이해할 수 있다.

3
현상학과 논리학

의식의 경험의 학으로서 『정신현상학』은 한편으로 자연적 의식의 차원과 다른 한편으로 자연적 의식이 그때그때 경험하는 정신적 진리의 요소, 즉 논리 규정이라는 이중 구조를 갖는다. 정신의 현상학으로서의 『정신현상학』은 자연적 의식에 대한 정신의 훈육이기 때문에 의식과 정신의 두 층위를 포함한다. 자연적 의식의 훈육을 위해 정신이 가지고 있는 교안은 의식이 경험하는 논리적 규정이다. 따라서 논리학은 자연적 의식의 경험이 거쳐 가는 길을 안내해 주는 약도다. 이 약도를 알면 우리는 자연적 의식이 경험하는 복잡한 내용과 절차들 속에서 길을 잃지 않고 진리의 왕국에 도달할 수 있다. 헤겔은 애초에 이 약도를 놓고 의식의 경험을 서술하였다. 본래 『정신현상학』은 그 자체 진리의 서술로서 의미를 갖는 것이 아니라 진리에 오르는 사다리의 지위를 갖는다. 그것이 궁극적으로 목표하는 것은 진리로서의 정신이며, 정신으로서의 진리는 이미 의식의 경험의 매 단계에 현상한다. 따라서 끊임없이 자기를 부정하고 타자로 이행하는 불안과 동요 속에서의 자연적 의식의 활동은 진리의 내용으로서의 논리적 도식에 의해 방향 지어져 있다. 현상학적 서술의 복잡함과 난해함은 이 논리적 규정에 붙잡혀 그 골격을 드러내기 때문에, 『정신현상학』의 이해를 위해 의식의 경험 이면에 놓여 있는 논리적 규정들을 파악하는 것은 불가피한 일이다.

　헤겔은 의식의 경험의 학을 기획하는 서론에서 『정신현상학』의 이중 구조를 "의식을 위한(für es)" 차원과 "우리를 위한(für uns)" 차원으로 표현한다.(PhG, 80/61, 제15문단)[13] 이때 우리는 진리, 즉 논리적 규정을 알고 있는 철학자다. 철학자는 논리적 규정이라는 설계도에 따라 현상학적 서술, 즉 의식의 경험의 예들을 선정하고 배열하는 작업을 수행한다. 철학자는 진리를 나타내는 메타포다. 철학자가 논리적 설계도에 따라 의식의 경험의 방식을 구성한다는 것은 수사적 표현에 불과하다. 왜냐하면 철학자는 논리적 필연성을 떠나서는 아무것도 자기 마음대로 구성할 수 없기 때문이다. 따라서 철학자가 논리적으로 작업한다는 것은 수사적 표현일 뿐이며, 의식의 경험은 그것에 내재한 필연적 논리에 따라 수행되는 것이다. 철학자 헤겔이 의식의 경

13　이하 『정신현상학』 서론을 인용할 때는 쪽수 외에 문단 번호도 병기한다. 독일어의 'für'는 '~을 위한' 혹은 '~에 대한'이라고 번역할 수 있다. 따라서 앞으로 'für das Bewusstsein'을 문맥에 따라서 '의식을 위한' 혹은 '의식에 대한'이라고 표현한다.

험을 서술하지만 그것은 헤겔의 고유한 생각에 의해서가 아니다. 헤겔은 의식의 경험의 과정을 누가 서술하더라도 그렇게 할 수밖에 없는, 그 과정을 지배하는 필연적인 논리를 모색했다. 헤겔은 공식적인 철학자의 길을 걷기 시작한 1801년부터 유한한 인간 사유의 방식으로 절대적 진리를 파악하고자 했다. 그것은 절대적인 것이 지적 직관과 같은 신비적인 방법으로가 아니라 인간 사유를 통해 가능한 **논리적**인 방법에 의해 파악되어야 한다는 생각에서였다. 헤겔은 이러한 동기에서 유한한 인식인 **논리학**을 통해 진리의 영역인 형이상학으로 나아가는 길을 모색했던 것이다. 유한한 인간 사유의 방식인 논리학을 형이상학의 진리로 고양해야 하는 과제는 방법론적으로 1804/05년의 논리학에 의해 달성된다. 논리학이 형이상학적인 논리학, 사변 논리학으로 됨으로써 절대적인 진리의 영역을 대변하게 된다. 사변 논리학의 진리는 다시금 의식의 경험이 논리적 필연성에 따라 수행되도록 하기 위해서 의식의 경험의 과정 속에 현상해야 한다.

하지만 헤겔은 『정신현상학』을 위한 설계도로서 1804/05년의 논리학을 사용하지 않고 새로운 논리학을 구상하고 있었다. 헤겔은 1805/06년의 『자연철학과 정신철학』의 맨 마지막에 『정신현상학』의 설계도가 될 논리학에 대한 구상을 짤막하게 기술한다. 그것은 "절대적 존재, 이것은 타자(관계)로 되며, 생명과 인식─그리고 인식하는 지, 정신, 정신의 자신에 대한 지"라고 표현된다.[14] 헤겔은 이렇게 『정신현상학』의 설계도가 될 논리학의 구상을 짤막하게만 묘사하고 그 구상을 현실화하지는 않는다. 그것은 애초의 계획에 따르면 『정신현상학』의 뒤를 이어 철학의 체계 제1부를 서술하는 한 권의 책에 담길 예정이었으나, 분량이 불어나는 바람에 헤겔은 이에 대한 서술을 포기한다. 헤겔은 훗날 이 논리학을 별도의 저작으로 매우 체계적으로 서술한다. 그것이 『논리의 학』이다. 헤겔은 이 책의 출간과 더불어 의식철학인 『정신현상학』을 철학의 체계에서 배제하고 『논리의 학』만을 철학의 체계의 제1부에 세우게 된다. 이제 헤겔은 의식철학으로서의 『정신현상학』이 엄밀히 말해서 진리의 영역인 철학의 체계에 포함될 수 없다고 생각하게 된 것이다. 하지만 『정신현상학』이 아직 철학의 체계의 제1부로서 사변적 논리학으로의 도입 역할을 할 때, 『정신현상학』을 통제하고 학문으로 안내할 설계도가 필요하였다. 이 설계도가 훗날의 『논리의 학』이 될 수는 없다. 왜냐하면 『정신현상학』을 집필할 당시에 헤겔은 아직 이 논리학을 가지고 있지 않았기 때문이다. 그 설계도는 단지 구상으로만 남아 있을 뿐 구체적인 형태로 실현되지 않는 1805/06년의 논리학의 구분(Gliederung)이다. 설계도의 형태가 구체화되지 않았기 때문에 『정신현상학』의 골격은 선명하게 드러나지 않으며 이 책의 서술을 이해하는 작업도 어렵게 된다.

의식 형태와 논리적 규정의 차원을 구별하려는 헤겔의 본래

---

[14] "Absolutes Sein, das sich Anderes (Verhältnis) wird, Leben und Erkennen -und wissendes Wissen, Geist, Wissen des Geistes von sich"(Hegel, *Naturphilosophie und Philosophie des Geistes*, Gesammelte Werke, Bd. 8, 286).

계획은 『정신현상학』에서도 확인된다. 헤겔은 서론에서 의식의 관점과 우리의 관점을 구별하고 있을 뿐 아니라 —항상 분명한 것은 아니지만— 각 장마다 의식의 경험에 대한 서술의 전과 후에 의식의 경험이 무엇에 관한 것일지, 의식의 경험이 수행한 결과가 무엇인지를 논리적으로 고찰한다. 의식의 경험에 대한 서술을 현상학적 텍스트라고 한다면, 이에 대한 논리적 고찰은 메타 텍스트라고 할 수 있다. 헤겔은 『정신현상학』의 결론부인 절대지 장의 두 번째 문단에서도 의식 형태와 그것의 대상이 갖는 논리적 규정을 구별하고 있다. 하지만 헤겔의 의도는 명백하지만 그것의 실현은 불명확하기 때문에, 의식 형태들과 그에 상응하는 논리적 규정을 명확하게 대응시킨다는 것은 쉽지 않다. 그래서 이에 대한 많은 논쟁이 있었다.[15] 내 생각에 1805/06년의 논리학 구분과 『정신현상학』의 의식 형태들은 다음과 같이 대응되어야 할 것 같다.

절대적 존재 - 감성적 확신 장, 관계 - 지각 장 및 오성 장, 생명과 인식 - 자기의식 장, 인식하는 지 - 이성 장, 정신 - 정신 장, 정신의 자기인식 - 종교 장과 절대지 장

---

15 대표적인 논쟁은 푀겔러와 풀다 사이의 논쟁이다.(O. Pöggeler, "Die Komposition der Phänomenologie des Geistes," in: *Hegel-Tage Royaumont 1964*, hg. v. H.-G. Gadamer. 2. Aufl., Bonn 1984. (Hegel- Studien Beiheft 3); H.-F., Fulda, "Zur Logik der Phänomenologie von 1897," in: 같은 책)

감성적 확신 장에서 다루어지는 대상은 '이것'이다. '이것'은 단순한 것이어서 자신 안에 어떠한 구별도 포함하고 있지 않다. 논리적 규정 '절대적 존재'는 상대적이지 않음을 의미한다. 상대적인 것은 타자와의 관계 속에 있기 때문에 이미 타자와의 구별을 포함하는 복잡한 것이다. 따라서 '이것'은 단순한 존재라는 의미에서 '절대적 존재'라는 논리 규정에 상응하는 것이다. '절대적'이라는 용어는 이런 의미로 이해될 수 있지만 적절치 않은 표현인 것 같다. 그래서 헤겔은 절대지 장의 두 번째 문단에서는 그것을 **직접적 존재**라는 표현으로 대체한다. 지각 장의 대상인 '사물'은 속성들의 결합이므로 속성들의 **관계**를 논리적 본성으로 갖는다. 어떤 사물은 다른 사물과 구별됨으로써 자신의 고유한 사물성을 지닌다. 따라서 한 사물은 다른 사물과 **관계**를 지님으로써만 자기 자신일 수 있다는 점에서도 사물의 본성은 **관계**를 포함한다. 오성의 대상은 '법칙'인데 법칙은 현상의 법칙이므로 필연적으로 현상과의 **관계** 속에 있다. 따라서 법칙에 대한 의식인 오성에 해당하는 논리적 규정도 지각의 경우와 마찬가지로 **관계**라고 할 수 있다. 자기의식 장의 서술 대상은 '생명'이다. 자기의식은 욕구로서 등장하며 그것의 대상은 의식의 대상과 달리 자신처럼 살아 움직이는 생명을 가진 인간이다. 자기의식은 주인과 노예의 인정 투쟁을 거쳐 상호 승인의 인식에 도달한다. 따라서 생과 인식은 자기의식 장의 논리적 규정이라고 할 수 있다. 이성 장의 대상은 인식하는 지다. 헤겔은 이성적 의식하에 칸트의 관념론적 의식을 생각하고 있다. 관념론은 자기 자신이 모든 실재성이라는 의식이다. 하지만 관념론은 이것을 주관적 확신으로서만 가지고 있고 이 확신은 자연과 세상사를 경험함으로써 객관적 진리로 고양되어야 한다. 헤겔은 칸트의 관념론이 주관적이라고 간주하고 그것의 객관적 실현 과정을 이성 장에서 그리고 있다. 따라서 지가 세상을 **인식**하는 과정을 서술하는 이성 장은 **인식하는 지**라는 논리 규정에 상응한다. 정신 장은 의심의 여지없이 논리 규정 정신에 상응한다. 종교 장과 절대지 장은 이제 더 이상 대상과의 분리 속에 놓여 있지 않은 정신이 표상과 지식의 방식으로 자기 자신을 인식하는 것이므로 정신의 자기인식이라는 논리 규정에 상응한다.

　1805/06년의 논리학 구분은 개략적인 스케치다. 이것만으로는 의식의 경험의 학이 필연적으로 거쳐 가야 하는 궤적을 제대로 밝힐 수 없다. 왜냐하면 실제로 의식의 경험을 서술하는 가운데 변화가 이루어지며 구조도 복잡해지기 때문이다. 헤겔이 현상학적 과정을 모두 서술한 뒤 절대지 장의 두 번째 문단에서 정리하고 있는 의식의 형태와 논리 규정의 관계는 감성적 확신의 "직접적인 의식"에 "직접적인 존재"가, 지각에 "직접적인 존재의 타자로 됨, 즉 그것의 관계"가, 그리고 오성에 "본질" 혹은 "보편자"가 대응되는 방식으로 서술된다.(PhG, 576/422f. 참조) 헤겔이 이 세 가지만을 거론하는 이유는 이 세 가지 의식 형태에서 비교적 뚜렷하게 의식 형태와 논리 규정 사이의 대응관계가 형성되기 때문이다. 의식 장의 이 세 형태에서는 의식이 자신의 지, 즉 자신이 생각하는 대상의 논리적 내용을 검사하고 그것의

반대를 경험하는 변증법적 운동의 논리적 골격이 비교적 선명하게 드러난다. 나머지 장에서는 의식이 논리적 규정들을 어떻게 사용하고, 그러는 가운데 무엇을 경험하는지를 가리키면서 의식에게 자신의 제한을 일깨워 주려는 의식의 경험의 학의 계획이 방대해진 내용 속에 묻혀서 제대로 드러나지 않는다. 의식의 경험의 학의 이념과 방법을 소개하는 서론에서는 선명한 논리적 도식을 가지고 의식의 변증법적 운동이라는 논리적 필연성에 따라 자연적 의식이 절대지에 도달하는 과정을 서술하려는 계획이 분명히 드러난다. 하지만 이러한 계획은 서술이 진행될수록 실현이 어렵게 된다. 그 이유는 아마도 사변적 논리학이 논리 규정들 속에 학의 모든 내용을 포함해야 하듯이, '학문의 체계'로의 도입부이자 그 제1부에 속하는 '의식의 경험의 학'은 '학문의 체계'의 모든 내용을 섭렵하고 그것을 통해 훈육되어 정신으로 되어야 한다고 헤겔이 생각했기 때문인 것 같다. 그래서 '의식의 경험의 학'은 자연철학과 정신철학의 대상들까지도 의식의 형상들로서 포함하여야 했고, 헤겔은 이 대상들을 작업함에 있어서 방법론을 관철시키는 데 어려움을 가졌던 것으로 보인다.

의식 형태와 논리 규정의 대응관계 및 의식의 변증법적 운동이 비교적 선명하게 드러나는 의식 장에서도 현상학적 텍스트와 논리적 텍스트는 서로 분명하게 구별되지 않는다. 가령 "지각" 장에서 서술되는 의식의 경험은 일반성, 자기동일성이나 자기를 위한 존재(Fürsiohsein), 타자를 위한 존재(Sein für Anderes), 모순 등 여러 가지 논리적 규정들이 함께 작용하고 있다. 또한 속성들의 통일체로서 표현되는 사물(Ding)이라는 규정도 이후의 『논리의 학』에서는 논리적 규정으로 간주된다. 이같이 현상학적 텍스트에서 나타나는 규정들도 나중의 논리학에서는 논리적 범주가 되기 때문에, 현상학과 논리학이라는 두 차원은 분명하게 나누어질 수 없다. 오히려 의식의 경험의 근저에 놓여 있는 근본적인 논리 규정 외에도 현상학적 서술을 위해 많은 논리적 규정들이 도입되고 조작되면서 현상학적 서술 속에서 논리적 탐구가 이루어진다고 볼 수 있다. 1805/06년의 논리학 구분 이외에 『정신현상학』의 현상학적 텍스트는 이 책이 쓰이기 바로 전에 구체적인 형태로 집필되었던 1804/05년의 『논리학, 형이상학, 자연철학』이 탐구한 논리 규정들을 다수 포함하고 있다. 하지만 가령 『정신현상학』의 오성 장은 현상과 본질, 힘과 외화, 유발함과 유발됨, 내면과 외면 같이 칸트의 범주표에도, 1804/05년의 논리학에도 들어 있지 않던 헤겔 고유의 논리 규정들을 발전시킨다. 이 규정들은 나중에 집필될 『논리의 학』의 본질론에서 커다란 부분을 차지하게 된다. 이렇게 볼 때 『정신현상학』은 논리학의 단순한 적용의 예가 아니라 그 자체로 논리학의 내용적 발전의 한 국면을 형성하는 작품이라고 할 수 있다. 『정신현상학』은 구분(Gliederung)을 단지 스케치하였던 1805/06년의 논리학 구상을 구체적 서술을 통해 완성한 것으로서 간주할 수 있다.

　『정신현상학』의 현상학적 텍스트는 이미 많은 논리 규정을 발전시키고, 『정신현상학』은 일정 부분 헤겔 논리학의 발전의 한 단계로서 역할을 수행하고 있다. 그렇다면 우리는 『정신현상학』의 개념과 내용을 세부적으로 이해하기 위해 후에 『정신현상학』의 성과를 반영하여 체계적으로 집필된 『논리의 학』의 이해를 통해서 도움을 받을 수 있다. 거꾸로 『논리의 학』의 이해에 『정신현상학』의 이해가 기여할 수 있다. 우리는 이 두 주저를 읽으면서 그 구조의 상이함에도 불구하고 그것들이 지니는 구체적 내용의 유사성을 확인할 수 있다. 그렇기 때문에 이들 각각을 이해하기 위해서는 서로를 참조할 필요가 있다는 사실을 느끼지 않을 수 없다. 앞서 말했듯이 학문의 체계로의 도입부 역할을 하기 위해 의식의 경험은 논리학의 규정들뿐만 아니라 학문의 내용들을 섭렵하고 그에 의해 훈육되어 학문의 체계에 입문해야 한다는 생각에서 헤겔은 『정신현상학』에 실재철학의 내용을 도입한다. 그로 인해 철학의 체계로의 입문으로서 『정신현상학』은 그것을 이해하기 위해 철학의 체계로서의 논리학, 자연철학 및 정신철학의 이해가 요구되는 해석학적 순환 속에 놓이게 된다. 실로 헤겔 자신의 욕심과 여러 가지 사정 때문에 이 책에는 헤아리기 힘든 많은 내용이 체계적으로 불완전하고 복잡한 구조 속에서 담기게 된다. 그럼에도 불구하고 『정신현상학』은 그 주제의 풍부함과 사상의 깊이 때문에 많은 사람들의 상상을 자극하고 관심을 불러일으키는 철학의 고전이다. 하지만 『정신현상학』의 이해를 위해 시도되는 많은 연구들이 자유로운 상상의 유희에 머무르지 않고 학적인 객관성을 유지하기 위해서는 이 작품의 근본 구조와 성격에 대한 이해가 선행되어야 한다. 그것을 위해서는 무엇보다도 『정신현상학』의 애초의 계획을 서술하고 있는 서론의 내용을 면밀히 분석해야 한다.

제
2
장

정신현상학의
이념

1

칸트 순수이성비판의 대안으로서 정신현상학

『정신현상학』은 대상을 인식하는 의식에 관한 철학이라는 점에서 칸트의 『순수이성비판』과 같은 종류의 철학이다. 헤겔은 청년기에 자신의 철학을 시작할 때부터 칸트의 인식론 철학을 반성철학이라고 비판하면서 통일철학을 지향했다. 인식론은 본래 인식이 대상에 어떻게 적중하느냐 하는 문제를 탐구한다. 따라서 여기에는 원리적으로 인식 주체와 객관적 대상 사이의 분리가 놓여 있다. 하지만 진리는 양자의 통일이다. 헤겔은 주관과 객관의 분리라는 전제에서 출발하는 인식론 철학이 이원론에 기초해 있고 이원론은 진리를 파악할 수 없다고 생각한다.[16] 그의 생각에 철학은 본래 통일로부터 출발해야 한다. 왜냐하면 분리로부터는 통일에 이를 수 없기 때문이다. 헤겔은 이 통일을

---

16 헤겔은 후에 『철학전서』에서 "칸트의 이원론 철학에서 근본 결함은 바로 조금 전에는 자립적이어서 통일시킬 수 없다고 설명했던 것을 곧이어서 통일시키려 하는 비일관성에 있다"고 비판한다. 거꾸로 말해서 칸트는 "두 계기가 통일된 것을 진리라고 말하면서 동시에 이 두 계기의 진리인 그것들의 통일 속에서 두 계기의 독자적인 존립을 부정함으로써 오히려 두 계기가 분리되었을 때에만 진리와 현실성을 갖는다고 설명한다"는 것이다. 헤겔에 따르면 칸트 철학의 결함은 이 두 가지를 통일시킬 수 없다는 것이다.(Hegel, G. W. F., *Enzyklopädie der philosophischen Wissenschaften im Grundrisse 1830 I*, Theorie Werkausgabe, Bd. 8, § 60 Anmerkung, 143/96, 뒤의 쪽수는 Hegel, *Enzyklopädie der philosophischen Wissenschaften im Grundrisse 1830*, Gesammelte Werke, Bd. 20의 것, 이하 순서대로 두 전집의 쪽수를 병기한다.)

절대적인 것이라고 한다.[17] 절대적인 것, 절대자는 상대적인 것의 반대다. 상대적인 것(das Relative)은 관계 안에 있는(in Relation) 것이다. 따라서 주관과 객관의 분리의 구도에서 출발하는 인식론은 상대적이고, 그런 의미에서 절대적이 아닌 유한한 인식만을 얻을 수 있다. 헤겔은 서론의 논의를 시작할 때 이런 전제를 갖고 출발한다. 주객의 분리를 원리적으로 전제하는 인식론 철학은 잘못된 것이다. 왜냐하면 그것은 유한한 인식에만 도달할 수 있는데, 헤겔이 볼 때 유한한 인식은 진리가 아니기 때문이다. 헤겔은 인간이 유한한 인식만을 가질 수 있다는 당대의 인식론의 대표적 유형인 칸트와 로크의 이론을 비판하면서 절대적 인식을 가능케 하는 자신의 고유한 인식론을 제기하고자 한다.

그는 당대의 인식론을 "사태 자체로" 혹은 참된 "현실적 인식으로 나아가기 이전에, 인식에 대해서 미리 이해해 두는 것이 필요하다는 생각"이라고 특징짓는다. 헤겔은 진리 탐구에 인식 비판이 선행해야 한다는 이런 생각을 "자연스러운 것"이라고 말한다.(PhG, 68/53, 제1문단) 자연스럽다는 것은 통상적이고 일상적으로 들린다는 의미다. 하지만 자연스러운 생각, 일상적인 생

---

17 헤겔이 통일로 생각했던 것은 여러 가지 형태를 지닌다. 그가 휠덜린과 함께 통일철학을 추구할 때는 통일을 판단(Ur-teil)이 갖는 근원적 분리에 반대해서 존재(Sein)라고 표현하거나 사랑, 믿음과 같은 종교적 감정 등으로 표현했다. 헤겔은 반성철학이 사용하는 개념으로는 통일에 이를 수 없다고 생각했기 때문에 종교적 감정에서 통일을 추구했다. 1801년 셸링의 도움으로 예나로 오면서 헤겔은 공식적인 철학자의 길을 걷기로 결심하는데 이때부터 통일은 절대적인 것, 절대자(das Absolute)로 표현된다.

각이 철학적으로 참은 아니다. 헤겔은 『정신현상학』의 서술 대상인 의식을 '자연적 의식'이라고 부른다. 자연적 의식은 주객 분리 속에서 대상에 고착해 있는 의식이다. 의식이 대상 제약적이라는 이런 생각은 아주 자연스러운 생각이며, 통상적으로 사람들은 의식을 이렇게 생각한다. 이렇게 특징지어지는 의식은 통상적으로 생각되는 의식, 자연적 의식이다. 하지만 자연적 의식은 진리의 담지자가 되지 못하기 때문에 자신의 제한을 벗고 절대지로 되어야 한다. 헤겔은 서론에서는 자연적 의식이 공유하고 있는 주객 분리의 태도를 비판함으로써 자연적 의식이 왜 진리를 파악할 수 없는지를 보여 준다.

헤겔은 당대의 인식론을 인식을 "절대자를 장악하는 도구"로 간주하는 인식 도구설과 "절대자를 발견하는 통로인 수단으로서 고찰"하는 인식 매체설로 구별하여 비판한다.(PhG 68/53, 제1문단) 전자는 칸트의 인식론을 후자는 로크와 같은 경험주의 인식론을 겨냥한다고 할 수 있다.[18] 하지만 이런 표현은 그들의 주장

---

[18] 헤겔 역사비판본 전집(Gesammelte Werke)의 편집자 주는 도구설과 매체설을 각각 칸트와 로크의 인식론에 대응시킨다. 코제브도 이 부분을 "칸트 비판"이라고 칭하고 있다.(A. 코제브, 『역사와 현실 변증법』, 설헌영 역, 도서출판 한벗, 1981, 370) 하지만 젊은 인식이 일종의 도구라는 자연적 생각은 칸트의 인식론에 적중한 것이 아니라 오히려 대상 자체는 인식의 왜곡된 관점을 모두 제거함으로써만 파악될 수 있다는 "부정신학"의 전통 속에 있다고 주장한다.(L. Siep, *Der Weg der Phänomenologie des Geistes. Ein einführender Kommentar zu Hegels "Differenzschrift" und "Phänomenologie des Geistes"*, Frankfurt a. M. 2000, 74 참조) 내 생각에 헤겔이 말하는 인식 도구설이 칸트의 인식론에 정확히 부합하지는 않지만, 헤겔은 인식비판의 입장을 반박하기 위해 그것을 도구설로 정형화한 것이며 칸트의 인식론을 포함할 의도를 가지고 있었다고 할 수 있다.

을 그대로 재서술하는 것이 아니라 이미 헤겔의 비판적 평가를 포함하고 있다. 칸트에게 대상은 주관으로부터 분리되어 있을 뿐만 아니라 대상들 간에도 서로 분리되어 있는 단절체들이다. 하지만 헤겔에게 대상은 단편적인 것으로 현상하더라도, 그것은 과정적으로 전개되는 연속체의 한 계기이기 때문에 연속체로 간주된다. 이 연속체는 모든 것을 포괄하는 전체이기 때문에 절대자다. 헤겔은 인식이 파악해야 할 대상은 절대자여야 하고, 절대자에 대한 파악이 진리라고 보는 것이다.

인식은 절대자를 파악해야 한다. 만약 절대자를 인식 주체에 대립해 있고, 그런 의미에서 인식 주체에 의해 제약되어 있는 것으로 간주한다면, 그것은 절대적인 것을 상대적인 것으로 만드는 것이다. 헤겔의 생각에 본래 절대자는 인식 주체에 맞서 있는 것이 아니라 그것과 통일된 것이다. 따라서 절대자만이 있다. 하지만 반성철학은 이러한 절대적인 것을 상대적인 것으로 만들어 인식 주관에 대립시킨다. 그럼으로써 주관과 객관의 분리가 발생한다. 객관이 주관으로부터 분리된다면, 주관의 인식은 객관에 대한 자신의 인식이 오류일까 봐 걱정하게 된다. 그래서 오류에 빠지지 않으려고 인식비판을 수행한다. 하지만 반성철학의 원리를 곰곰이 따져 보면 반성철학은 이러한 걱정에서 그치지 않는다. 반성철학의 태도는 대상을 "자체적인 것(das Ansich)"으로 간주하는데, 인식이 인식과 **무관하게 그 자체로 있는 것**을 파악하려고 한다는 것은 모순이다. 헤겔에 따르면 반성철학이 이렇게 대상을 그 자체로 있는 것이라고 확신하는 것은 자기모순적인 것을 확신하게 되는 꼴이다. 주관과 객관의 원리적인 분리를 비진리의 원리적 조건으로 비판하는 헤겔에게 주관과 객관의 원리적 분리를 전제하는 의식철학, 반성철학은 그것의 본질적 구조상 진리에 도달할 수 없다. 그럼에도 불구하고 그것이 진리를 파악하고자 시도한다면 그러한 시도는 본질적으로 모순이라는 것이다. 이것은 "인식과 절대자 사이에 그것들을 단적으로 가르는 한계가 놓여 있다는 확신"이기도 하다. 이러한 한계가 놓여 있다면 양자를 통일시키려는 시도는 실패할 수밖에 없으며, 그러한 시도 자체가 모순적인 것이다.

헤겔은 절대자로서의 대상과 인식을 통일시키려는 시도가 실패할 수밖에 없다는 사실을 도구설과 매체설 각각의 경우를 통해 논증한다. "인식이 절대적 존재를 장악하는 **도구**라고 한다면, 도구를 사태에 적용하는 것은 오히려 사태를 독자적인(für sich) 바대로 놓아두는 것이 아니라, 그러한 적용과 더불어 형태를 주고 변화시키게 된다." 혹은 "인식이 우리 행위의 도구가 아니라 어느 정도 진리의 빛이 우리에게 도달하는 수동적인 매체라고 한다면, 우리는 자체적인 바의 진리를 얻는 것이 아니라 이러한 매체에 의해서, 이러한 매체 속에 존재하는 바의 진리를 얻게 된다." 헤겔은 도구설이든, 매체설이든 간에 이 두 가지 경우 모두 존재 자체의 온전한 인식이라는 목적에 반대되는 상황을 야기할 수밖에 없다고 주장한다. 그 이유는 우리가 하나의 수단을 사용할 수밖에 없다고 생각하는 통상적 인식론 자체가 모순적이기 때문이다. 왜냐하면 이러한 인식론은 자체적인 것을 인식하려 하는데, 그것은 그것을 인식하기 위한 수단에 의해 변형될 수밖에 없기 때문이다. 이러한 통상적 인식론의 난점에서 벗어나기 위한 첫 번째 시도로서, 인식 도구설의 입장에서 도구의 작용 방식을 잘 이해하여 도구가 대상을 변형시킨 불순물을 제거한다면 참된 것을 순수하게 얻을 수 있을 것이라는 견해가 제시될 수 있다. 그러나 헤겔은 이러한 방법을 통해서는 절대자에 대한 순수한 인식을 얻을 수 없으며, 우리를 다시 원점의 상태로 되돌려 놓을 뿐이고 그동안 인식을 통해 대상을 파악하려던 시도는 불필요한 수고가 되는 결과를 낳는다고 비판한다.

여기서 잠시 헤겔이 자주 사용하는 용어 중 우리가 이해하는 데 큰 어려움을 느끼는 "자체적(an sich, in itself)"과 "독자적(für sich, for itself)"이라는 용어의 의미를 구별해 둘 필요가 있다. 사실 이 개념들은 독일어에서 일상적으로 매우 빈번하게 사용되는 어휘에 속하는 것이기도 하다. 그래서 이들은 일상적인 의미대로 양자 공히 "그 자체적으로"라는 의미로 번역하거나, 각기 "자체적으로"와 "홀로"로 번역한다면 큰 무리가 없을 것이다. 그렇지만 헤겔은 이렇듯 일상적인 용어들을 사용하면서 자신의 독특한 사유 구조를 나타내고 있기 때문에, 우리는 이들을 조금 더 세밀하게 검토해 보아야만 하며, 번역된 표현 이면에 담겨 있는 함축을 주의 깊게 살펴야 한다. "an sich(in itself)"란 어떤 것이 아직 자기 자신으로부터 전개되지 않은 상태를 의미하며 보통 "즉자(卽自)"로 번역되어 왔다. 자기 자신으로부터 전개되지 않았다는 것은 무의식적이거나 가능적이라는 의미이기도 하다. "für sich(for itself)"는 타자로 전개되었다가 타자를 부정하고 다시 자기 자신으로 복귀한 상태를 의미한다. 타자와 관계하여 타자에 함몰되어 있는 것이 아니라 타자를 부정하고 자기 자신으로 되돌아온다는 것은 타자와 매개된 상태, 보다 정확히 말하면 타자와의 관계를 내면화한 부정적 자기관계라고 할 수 있다. 그것은 타자에 의존하는 것이 아니라 홀로 독립한 독자성을 획득한 것이다. 이렇게 타자를 매개로 자기독자성을 확보한 상태는 자기 자신에게로 향해 있다는 의미에서 "대자(對自)", "향자(向自)" 등으로 번역되어 왔다. 하지만 이해 가능한 일상어적 표현을 사용하여 "an sich"는 "자체적(自體的)"으로, 그리고 "für sich"는 "독자적(獨自的)"으로 번역하는 것이 더 적절할 것이다. 가령 사물이 자체적인(an sich) 것이라면 그것을 인식하는 자아는 독자적인(für sich) 것이다. 왜냐하면 자아는 사물에 관계하지만 그것 속에서 자신을 상실하지 않고 다시 자기 자신에게로 돌아와서 인식을 완수하는, 말하자면 사물에 대한 지를 획득하려 행위하는 원환적 매개 활동이기 때문이다. 앞의 인용문에서 도구설과 관련하여 "für sich"를 사용한 것은 대상이 도구라는, **타자에 대해** 독자성을 유지하지 못하게 된다는 사실을 표현하기 위해서이며, 매체설과 관련하여 "an sich"를 사용한 것은 대상이 매체에 담겨 있어서 **그 자체로** 있지 못하다는 사실을 표현하기 위한 것이다.

이와 더불어 짚고 넘어가야만 할 것은 '자체적으로(an sich)'라는 개념과 '그 자체 독자적으로(an und für sich)'라는 개념의 관계이다. 헤겔에게서 '자체적'은 이미 살펴본 바와 같이 매개 작업이 수행되기 이전 단계를 의미하지만, 다른 한편으로 매개를 통해 도달하게 된 지점을 의미하기도 한다. 즉 존재는 자기관계성 속에서 '자체적(an sich)'으로 있으면서 동시에 타자관계를 통해 자기 자신으로 복귀하는 '독자적(für sich)' 단계로 이행하는데, 이러한 자체존재의 독자존재로의 이행이 완전히 수행되어 그것이 최종적인 완성 단계에 이르게 된 상태를 '그 자체 독자적(an und für sich)'이라고 한다. 따라서 '그 자체 독자적으로'는 자체인 바의 것, 자신의 본질(an sich)을 실현한 상태라는 목적론적인 의미가 담겨 있다. '자체적인' 것이 타자관계를 거쳐 자기 자신으로 귀환한 것은 '독자적인' 것이지만, 그것은 '자체적인' 것이 본래적인 것으로 실현되었다는 점에서 '그 자체 독자적인' 것이기도 하다. 이 '그 자체 독자적인' 것은 '자체적인' 것이라는 시작점으로 귀환한 것으로서 '자체적인' 것의 본래적인 바의 것 내지 목적을 달성한 것이다. 본래적인 바의 것 내지 목적은 일상어로 '그 자체로 있는 것' 혹은 '그 자체인 바의 것'이라고 표현된다. 따라서 우리는 필요한 경우에 'an und für sich'를 '그 자체 독자적인'이라고 번역하지만, 대개 'an sich'와 같이 '그 자체로'라고 번역하면서 'an sich'라는 가능태와 구별하여 그것의 현실태라는 의미로 이해할 수 있다.

헤겔이 볼 때 절대자와 인식은 독자적인 양항의 관계가 아니다. 헤겔에게 주관과 객관은 독립적인 양항이 될 수 없고, 오히려 객관은 주관과의 상관관계에서만 존재하며 주관 역시 객관과의 상관관계에서만 존재한다. 주관(인식)과 객관(절대자)을 양항으로 전제하는 견해는 통상적으로 인정되어 온 것이다. 일반적으로 실재론(Realismus)은 우리 주관과 독립적인 객관이 있고 우리 주관이 그것을 모사한다고 본다. 반면 관념론(Idealismus)은 객관 자체는 알 수 없고 객관과 완전히 독립된 주관에 의해 객관이 주관의 방식으로 파악된다고 생각한다. 불가지의 영역으로서 객관이 전제되고 주관에게 파악되든지(관념론), 아니면 객관이 독립적으로 선재하든지(실재론) 간에 주관과 객관이 독립적인 항으로서 존재한다고 보는 점에서 두 견해는 동일한 입장을 취하고 있다. 그렇지만 헤겔은 주관과 객관이 상관적으로 실재하는 것이며, 우선 관계성이 존재하고 이러한 관계 속에서 주관도, 객관도 드러나게 된다고 본다. 그러므로 헤겔은 인식된 것이 이미 인식하는 것과의 관계 속에서만 존재한다고 생각하는 것이다. 헤겔의 이러한 입장은 관념론도, 실재론도 아닌 상관적 실재론이라고 부를 수 있을 것이다.

주관과 객관의 분리를 전제하는 통속적 인식론은 오류에 빠질까 걱정한다. 그래서 그것은 철학적 작업 이전에 이러한 오류를 극복할 수 있기 위한 일종의 사전 작업을 전제해야 한다고 생각한다. 헤겔은 오류에 대한 걱정에서 인식비판을 수행하는 것을 "학문에 대한 일종의 불신"(2문단, 69)이라고 규정하면서, 이러한 학문에 대한 불신감 자체가 오히려 의심되어야 한다고 주장한다. 헤겔은 철학적 작업을 수행하기 이전에 어떠한 사전 작업도 요구되지 않는다고 생각한다. 그렇기 때문에 그에 따르면 인식비판이 사전에 전제되어야 한다고 주장하는 많은 개념들은 오히려 학문의 진행 과정을 통해서 그 전모가 드러나야 한다. 헤겔은 학의 무전제성이라는 입장을 지니고 있다. 헤겔이 볼 때 오류에 대한 걱정에서 취하는 사전 작업으로서 칸트의 인식비판은 "그 자체 진리 여부가 사전에 검사되어야만 하는 것들"을 "진리로 전제"하고 있다.(2문단, 69f.) 이와 관련하여 칸트 이후의 독일관념론자들은 칸트의 12개의 범주 체계가 학문적으로 논증된 것이 아니라 판단표에서 발견된 것이라는 점을 비판한다. 헤겔이 볼 때 범주들은 진리로서 미리 전제되어서는 안 되며 의식의 경험을 통해 참인지가 비로소 검증되어야 하는 것이다. 칸트 자신이 이미 범주표에 대한 주석에서 첫 번째 범주와 두 번째 범주의 결합으로부터 세 번째 범주가 생긴다는 사실을 언급하고 있다.[19] 나중에 피히테와 헤겔이 정립, 반정립, 종합이라는 논리적 방법을 고안한 것은 이러한 칸트의 통찰에 기초한 것이다. 하지만 칸트는 이러한 범주들의 관계를 논리적으로 논증하지는 않는다. 피히테와 헤겔은 범주들을 한 규정에서 다른 규정이 필연적으로 도출되는 방식으로 서술하고 구체화한다.

칸트의 『순수이성비판』은 의식철학이다. 특히 모든 의식적 표상에 수반하는 자기의식으로서 초월론적 통각(transzendentale Apperzeption)은 칸트 인식론의 핵심을 형성한다. 통각은 범주를 통해 직관의 잡다를 종합함으로써 하나의 통일된 대상을 형성하고 인식한다. 이때 범주는 직관의 잡다에 관계하는 판단작용

---

19 I. Kant, *Kritik der reinen Vernunft*, Hamburg 1998, B110.

을 통해 직관의 잡다들을 종합한다. 12개의 범주에 따라 판단 방식이 상이하기 때문에 12가지 방식으로 직관의 잡다가 결합되어 대상이 형성된다. 따라서 범주란 직관의 잡다가 결합되는 방식이다. 그런데 범주, 순수오성개념이 직관의 잡다에 관계하는 모든 판단작용에 '나는 생각한다'라는 통각이 수반된다. 따라서 통각은 갖가지 판단들을 **하나의 통일된** 자기의식의 사고방식으로 만들어 주는 근거, 즉 **자아**라고 할 수 있다. 범주가 직관의 잡다들을 결합하는 방식은 자아의 사고가 특수화되는 방식이다. 따라서 직관의 잡다들의 결합 방식, 사고의 특수화는 범주를 통해 자아로부터 연역되어 나와야 한다. 하지만 칸트는 통각이라는 자기의식이 이러한 특수화 내지 방식을 범주의 작용을 통해 어떻게 가능케 하는지를 연역해 내지 못했다. 칸트 이후의 독일관념론자들은 칸트가 그저 논리학의 판단표에서 범주표를 가져와서 그것의 근저에 통각이 통일근거로 놓여 있다고 선언했을 뿐이라고 비판한다. 독일관념론의 발전사는 칸트가 말하는 통각, 자기의식, 자아로부터 개념들이 필연적으로 도출되어 나오는 방식을 탐구하는 역사다.[20] 헤겔의 『논리의 학』은 바로

20 이에 관한 상세한 논의는 M. Groll, "Der Hegelsche Begriff und das Problem der intellektuellen Anschauung im deutschen Idealismus," in: *Hegel-Jahrbuch*. 1973 참조. 피히테는 절대 "자아란 필연적으로 주관과 객관의 통일, 주관-객관"이라고 주장하면서(J. Fichte, *Grundlage der gesamten Wissenschaftlehre als Handschrift für seine Zuhörer (1974)*, Hamburg 1988, § 1, 18 주) 자아를 지적 직관에 의해 파악되는 진리 인식의 원리로 삼는다. 셸링도 정신과 자연의 동근원적 활동 원천을 직관된 것과 직관하는 것이 통일된 지적 직관의 대상으로 규정한다. 이들에게 자아 혹은 지적 직관은 참된 인식의 근원으로서 거기로부터 여타의 모든 규정들이 산출되는 시작 원리

자아의 사유 규정들이 논리적 필연성을 가지고 전개되는 과정을 서술한다. 그것은 하나의 논리적 규정으로부터 다음 단계의 논리적 규정이 필연적으로 도출되는 방식으로 칸트의 범주표를 구체화한다. 『정신현상학』은 이러한 논리 규정에 따라 필연적인 방식으로 전개되는 의식의 경험에 대한 서술이다. 그것은 다름 아닌 칸트의 『순수이성비판』에 대한 대안으로서 헤겔이 제시하는 인식론이다. 헤겔에 따르면 인식론은 오류에 대한 걱정에서 인식 활동 이전에 인식비판을 통해 범주를 진리로서 미리 확정하는 작업이어서는 안 된다. 진리 내용으로서 범주는 의식의 경험을 통해 비로소 도출되어야 한다. 이 도출 과정은 필연적인 논리에 따라 전개되어야 한다. 자연적 의식이 자신의 제한을 벗어던지고 진리의 영역에 도달한다는 것은 의식의 경험을 통해 진리, 즉 개념들의 체계로서 학문이 논증된다는 것이다.

2 | 절대적 진리와 현상지의 서술

헤겔은 "절대자만이 참이며, 참된 것만이 절대적이다"라고 주장한다.(PhG, 70/54, 제3문단) '절대적(absolut)'이라는 용어는

다.(Groll, 앞의 책, 221-231 참조) 하지만 헤겔은 이러한 절대적 진리는 시작 원리로서 전제되어서는 안 되고 개념의 필연적 전개를 통해 결과로서 논증되어야 한다고 생각한다.

'absolvieren'이라는 동사에서 파생되었는데, 이 동사는 '졸업하다, 해방되다, 풀려나다' 등의 의미를 지닌다. '절대적'이라는 용어의 의미를 살펴보기 위해 우선 우리는 그 개념의 대립쌍인 '상대적(relativ)'이라는 용어의 의미를 알아야만 한다. 상대적인 것들이란 양자가 서로 일정한 관계 속에 있으면서(in Relation) 서로가 서로를 제약하는 것들을 말한다. 즉 상관관계에 놓여 있는 양자는 상호 간에 정립된 존재(Gesetztsein)로서, 서로를 규정하면서 타자를 자신으로부터 구별하고 동시에 타자에 의해 구별되는 상호 구별적 존재다. 그런데 절대자란 상대적 관계에 있는 정립된 존재의 상관성을 완전하게(ab-) 용해시킨(-solvieren) 것이라 할 수 있다. 이러한 의미에서 헤겔이 말하는 절대자의 운동 과정을 생각해 볼 수 있다. 절대자는 그 자체가 분열하여, 분열된 양자가 상호 제약하는 상관관계로 나아가는 이중화(Verdopplung) 과정을 겪는다. 이러한 상대적 관계에 놓여 있는 양자는 다시 통합, 용해(Versöhnung)의 과정을 거쳐 절대적인 것으로 회귀하게 된다. 즉 절대자는 양자로 분열되었다가 다시 이 양자를 통합해서 하나로 통일되는 운동을 수행한다.

그런데 여기에서 주의해야 할 것은 이러한 절대자 속에 통합, 용해된 양자는 자신의 독자성을 상실하긴 하지만 계기로서 보존되어 있다는 것이다. 말하자면 절대자는 구별을 포함하는 전체다. 헤겔의 절대자는 결코 추상적인 것이 아니라 구체적인 것이다. '구체적(konktret)' 란 어원상 '함께(kon-) 자란다(-kret)'라는 의미를 지니는 것으로서, 홀로 있지 않고 다른 것과 함께 있는 상태를 의미한다. 반면 '추상적인(abstrakt)' 것이란 구체적인 것으로부터 특정 요소를 '억지로 끄집어내어' 그 하나를 취하고 나머지 다른 것을 버린 상태를 의미한다. 그러나 어떤 것을 절대화하기 위해 어느 하나를 취하고 다른 것을 버리게 되면, 취해진 하나는 절대화되는 것이 아니다. 오히려 어떤 것은 버려진 것에 의해 제약되어 여전히 상대적인 것으로 되고, 따라서 유한한 한계를 극복할 수 없게 된다. 헤겔이 생각하는 절대자, 무한자는 유한자를 통합하고 있는 것이다. 하지만 절대자 속에 통합되어 있는 유한자는 무구별적인 것들이 아니라 서로 구별된다. 헤겔의 절대자는 셸링의 것처럼 **무차별자**가 아니라 자신 안에 구별을 포함하고 있는 **구체적인 보편자**다. 헤겔의 절대자는 자신을 양분하고 재통일하는 논리적 방법으로 **자기구별** 행위를 통해 구별을 산출한다. 이렇게 산출된 구별은 절대자 자신의 **규정**이다. 절대자란 이렇게 자기구별을 통해 자신의 규정을 산출하는 과정에 다름 아니다.

헤겔이 볼 때 진리의 담지자는 절대자다. 절대자는 모든 것을 자신 속에 용해해 넣고 있는 것(ab-solution)이기 때문에 자신의 바깥에 어떤 것도 남겨 두어서는 안 된다. 그런데 인식론에서 진리의 담지자(절대자)는 인식의 바깥에 인식과 대립되어 있는 것으로 생각된다. 이와 같이 인식 주관과 객관이 분리된 것이라면, 인식 주관은 결코 객관으로 나아갈 수 없으며 인식과 객관은 완전히 별개의 것이 되어 버린다. "절대자가 **한편에** 서 있으며, **인식**이 **다른 한편에** 독자적으로 절대자와 분리"되어 있는데도, 그러한 인식이 "실질적인 것(Reelles)"이라고 주장하는 것은 "절대자의 바깥에 있기에 아마도 진리의 바깥에 있을 인식이 그럼에도 불구하고 참된 것이라는 사실을 전제"하는 것이다.(PhG, 70/54, 제2문단) 헤겔은 인식비판이 갖는 "오류에 대한 공포라고 불리는 것이 오히려 진리에 대한 공포"라고 비꼰다. 말하자면 통상적 인식론이 절대자에 대한 현실적 인식으로 나아가기도 전에 인식 내용에 오류가 발생하지 않을까 미리 염려하고 사전 검사에 몰두하게 된 결과, 인식의 대상이 되는 절대자에 대한 인식, 즉 참된 진리에 대한 인식 불가능성을 염려하고 심지어는 진리를 두려워하게 된다고 그러한 견해의 문제점을 냉소적으로 비판하는 것이다.

하지만 '절대자만이 참'이라는 헤겔의 주장에 대해 "절대자를 인식하지는 않지만 그래도 참된 인식이 있으며, 절대자를 파악할 수 없는 인식 일반도 다른 진리를 파악할 수 있다"는 반박이 제기될 수 있다.(PhG, 70/55, 제3문단) 상식에 비추어 볼 때 이러한 반박은 설득력이 있는 견해로 여겨질 수도 있다. 왜냐하면 통속적인 견해에 근거한다면 우리가 어떠한 대상을 인식할 때 반드시 절대자만을 인식의 대상으로 삼을 필요는 없으며 상대적이고 한정적인 진리 내용을 파악할 수 있을 것이라는 견해를 많은 사람이 인정할 수 있을 것이기 때문이다. 이러한 상식적인 견해에 근거하는 철학적 논의의 대표적인 예를 우리는 라인홀트(K. L. Reinhold)에게서 찾을 수 있다.[21] 칸트의 철학을 재구성하려고 노력한 라인홀트는 칸트가 『순수이성비판』의 변증론에서 피력한 절대적 무제약자의 인식 불가능성 테제를 적극적으로 수용한다. 라인홀트는 절대적인 것이며 그렇기에 우리의 유한적 인식 능력을 통해 도저히 파악할 수 없는 **근원적 진리**(das Urwahre)를 상정한다. 그에 따르면 이것은 인식의 대상이 아니라 단지 **신앙**(Glauben)의 대상일 뿐이다. 반면 절대자 파악은 역사적 과정 속에서 영원히 전개되어 나아가는 철학의 목표이며, 철학은 이러한 목표를 향해 나아가는 과정에서 진행되는 **사전 연습**(Vorübung)에 불과하다. 결국 근원적 진리, 즉 절대자는 절대로 인식 불가능한 것이고 단지 믿음의 대상일 뿐이며 유한한 인식자의 철학적 탐구에 의해 파악이 가능한 진리는 **가설적**(hypothetisch)이고 **개연적**(problematisch)인 진리라는 것이 라인홀트의 생각이다.

그러나 이에 대해 헤겔은 우선 라인홀트가 "절대적인 참과 그렇지 않은 참 사이의 모호한 구별"을 전제하고 있다고 비판한다.(PhG, 70/55, 제3문단) 헤겔은 라인홀트가 절대적인 근원적 진리와 가설적이고 개연적인 진리를 모호하게 구분하고 있다는 점을 비판하는 데서 그치지 않는다. 그는 더 나아가 칸트가 진정한 형이상학으로 나아가기 위한 입문적 학문, 예비학이라고 생각한 『순수이성비판』이 전제하고 있는 절대적 무제약자에 대

---

21 Hegel, *Differenz des Fichteschen und Schellingschen Systems der Philosophie*, Werke in zwanzig Bänden, Theorie Werkausgabe, Bd. 4, 126f./84f., 뒤의 쪽수는 Hegel, *Differenz des Fichteschen und Schellingschen Systems der Philosophie*, Gesammelte Werke, Bd. 4의 것.

한 인식 불가능성 테제까지도 비판한다. 말하자면 헤겔은 절대자란 인식이 도달해야 할 궁극적 의미이므로 이것을 인식 불가능한 것으로 전제해서는 안 되며, 학적인 서술을 통해서 그것을 입증해야 한다고 본다. 헤겔에 따르면 라인홀트는 절대자가 무엇인지를 정확히 모르면서도 가설적이고 개연적인 진리와 구별하여 절대적이고 근원적인 진리를 전제한다. 그러나 우리가 결코 도달할 수 없고, 따라서 알지 못하는 전제를 설정하는 것은 독단적인 태도이다. 이 밖에도 헤겔은 라인홀트가 "절대자, 인식 등 우리가 비로소 도달해야만 할 의미를 전제"하고 있다고 비판한다.(PhG, 70/55, 제3문단) 헤겔은 학문이란 어떠한 전제도 없이 서술 과정을 통해서 문제가 되는 개념들의 내용을 확보해 나가는 것이라고 본다. 절대자, 절대적 진리의 내용은 라인홀트가 말하듯이 모르는 채 미리 설정될 수 있는 것이 아니라 탐구의 서술 과정을 통해 그 결과로서 도달되는 것이다.

헤겔은 "주지된 것은 어느 것이나 그것이 **주지되어** 있다는 이유에서 **인식된** 것은 아니다(Das Bekannte überhaupt ist darum, weil es *bekannt* ist, nicht *erkannt*)"라고 말한다.(PhG 35/26) 여기서 "주지된 것"은 누구에게나 잘 알려져 있다고 생각되는 것, 그리고 "인식된 것"은 철학적 고찰을 통해 파악된 것을 각각 의미한다고 할 수 있다. 일상적으로 우리가 알고 있는 것, 통용되어 있는 것은 철학적 진리가 아니라 철학적 비판의 대상이다. "그 의미가 일반적으로 주지된 것으로서 전제된 절대자, 인식, 객관적인 것, 주관적인 것, 그 밖의 수많은 다른 말들"(PhG, 71/55, 제4문단)은 그것의 철학적 의미와 개념이 논증되어야 한다. 사람들이 그 단어들의 철학적 의미를 이미 알고 있다는 뜻에서 그것들의 개념을 가지고 있다는 견해는 헤겔이 볼 때 근거 없는 주장이다. 왜냐하면 이러한 개념들은 학문의 전제가 아니라 학적 전개를 거치고 난 이후에야 비로소 입증되는 결과이기 때문이다. 그러므로 이러한 개념들이 이미 주지되었다고 하면서 이 개념의 입증의 필요성을 부정하는 것은 일종의 사기일 수밖에 없다. 이러한 논증 없이 그것들을 사용하는 것은 철학적 과제를 회피하는 것이며 일종의 기만이다. 가령 인식은 주관과 분리된 객관을 주관이 파악하는 것이라는 통상적인 생각은 주관과 객관의 분리를 전제한다. 하지만 헤겔은 『정신현상학』의 서술을 통해 인식이 그런 것이 아니라는 것, 진리를 파악하기 위해 인식은 그래서는 안 된다는 것을 보여 주고자 한다. 주관과 객관의 분리라는 자연스러운 생각은 **전제된 것**이지 증명된 것이 아니다.[22] 우리는 인식이 어떤 것인지, 거기서 주관과 객관의 관계는 어떠해야 하는지를 학문적으로 탐구하고 서술해야 한다는 것이 헤겔의 생각이다.

『정신현상학』은 인식 도구설과 매체설로 대표되는 주관과 객관의 분리를 전제하는 여러 가지 자연적 의식의 형태들, 그리고 그것들이 전제하는 여러 가지 개념들과 주장들을 학문적이지

22　L. Siep, *Der Weg der Phänomenologie des Geistes. Ein einführender Kommentar zu Hegels "Differenzschrift" und "Phänomenologie des Geistes,"* 75 참조.

않다고, 즉 철학적이지 않다고 비판하는 작업이다. 『정신현상학』은 자연적 의식의 비판을 통해 학문을 정당화하는 작업이다. 하지만 이 비판의 작업은 "참되지 않은 지를 사물들에 대한 조야한 견해로 [간주하여] 단지 거부해 버리고, 자신은 완전히 다른 인식이며 앞서 말한 저 지식은 자신에게서는 아무것도 아니라고 확언"하는 방식이어서는 안 된다. 자연적 의식의 비판을 통한 학문의 정당화를 위해 확언(Versicherung)은 부적절한 방법이다.

> "**확언**을 통해서 학문은 자신의 **존재**를 자신의 힘으로서 공언한다. 그러나 참되지 않은 지도 마찬가지로 자신이 **존재한다**는 사실에 호소하며 자신에게 있어서는 학문이 아무것도 아니라고 **확언한다**. 그렇지만 **하나의** 무미건조한 확언은 바로 다른 확언만큼만 타당한 것이다." (PhG, 71/55, 제4문단)

학문이 확언을 통해서 자신을 정당화시킬 때는 어떠한 내용도 없이, 어떠한 논증도, 매개도 없이 오로지 자신의 존재 주장만이 자신의 정당화를 위한 힘이 된다. 그렇지만 어떠한 학문적 논증도 없이 그저 자신의 존재만을 주장하는 지루하고 무미건조하며, 어떠한 흥미도 느낄 수 없는 이러한 확언은 결정적인 한계를 지니고 있다. 즉 학문이 아무리 자신의 위력을 확언하려 할지라도 이것이 논증이 아닌 확언으로 그쳐 버린다면, 학문이 주장하는 타당성만큼 타자인 허위적 지도 마찬가지로 자신만큼의 타당성을 지니게 된다. 학문이 자신의 타당성만을 확언하는 것은 동시에 타자인 허위적 지를 추상적으로 부정하는 것에 지나지 않는다. 이렇게 확언하는 학문은 허위적 지 또한 자신의 타당성을 확언하면서 타자인 학문을 부정하기 때문에 자신이 하였던 것과 똑같은 반박에 부딪힐 수밖에 없게 된다. 이와 달리 헤겔은 학문을 정당화하는 『정신현상학』의 방법을 확언의 절대성을 부정하지만 그것들을 **논리적** 내용에 따라 서로 연결하여 절대자의 규정으로 상대화하는 작업으로 구성한다. 상대화된 확언의 내용들은 체계적으로 매개됨으로써 절대자를 논증적으로 서술하는 계기가 된다. 헤겔은 이러한 매개의 방법을 통해 아무런 논증 없이 그저 자신의 존재만을 확언하는 무매개적 방법을 비판한다.[23]

자연적 의식의 확언들이 지양되어 현상지의 체계로서 서술되기 위해 사변적 논리학으로서의 학문은 의식 속에 현상해야 한다. 학문은 이제 하나의 자연적 의식의 형태 속에 출현하여 "**다른 것과 나란히**" 존재해야 한다.(PhG, 71/55, 제4문단) 학문이 다른 자연적 의식의 곁에 하나의 자연적 의식의 형태를 띠고 등장한

---

23 헤겔은 학문을 정당화하는 데 부적절한 방법으로서 확언과 더불어 "예감(Ahnung)"의 방식을 들고 있다. 예감이라는 용어와 함께 헤겔은 슐레겔(F. Schlegel)의 방법을 염두에 두고 있다. 낭만주의자 슐레겔은 예감이 명료해지면 지식이 된다고 주장한다. 그에 따르면 예감의 출발점을 형성하는 감각은 자아의 가장 낮은 단계임에도 불구하고 가장 적은 불신과 의심의 대상이기 때문에, 감각은 이성보다 확실한 출발점이다. 그는 예감이 낳은 자기신뢰가 지식의 출발점이라고 주장한다.(이정은, 「독일 관념론의 불행한 이반자 – 헤겔을 무시한 슐레겔」, 『시대와 철학』, 제27권 1호, 2016, 214f. 참조) 헤겔은 슐레겔의 이러한 견해를 "참되지 않은 지 속에서 보다 나은 지가 있을 것이라고 예감"하는 것이라고 비판한다.(PhG, 71/55, 제4문단)

다는 것은 여기에서 말하는 학문이 절대적인 것이 아니라 **상대적인 것**이며 타자에 의해 **제약된 것**이라는 사실을 의미한다. 즉 진리 속에 있는 학문, 즉 논리학이 오로지 순수지의 진리 지평에서 자기전개를 수행하는 학문인 반면에, 현상학에서는 진리가 의식에 **현상하기** 때문에 진리는 하나의 의식 형태를 띠고 다른 의식에 의해 (가령 감각적 확신은 지각에 의해, 지각은 오성에 의해) **제약**된 것으로 나타난다. 하지만 그럼으로써 의식의 경험의 전개 과정에서 등장하는 각각의 의식 형태(Gestalt)들, 즉 감각적 확신, 지각, 오성 등은 다름 아닌 현상하는 학문의 계기가 된다. "학문이 **다른 것과 나란히** 출현"하면서 한편으로 학문이 현상으로 되지만, 다른 한편으로 "허위적인 지"라고 비판되어야 할 자연적 의식의 형태들은 "학의 현상"이 되는 것이다. 자연적 의식의 형태들이 학의 현상이 된다는 것은 그것들이 논리학이라는 약도에 따라 체계적으로 배열된다는 것이다. 그럼으로써 자연적 의식은 현상지로 된다.[24]

학문의 현상, 현상하는 학문으로서 『정신현상학』이란 한편으로 현상학적 측면, 즉 의식의 경험의 측면과 다른 한편으로 그 이면에 사변적 논리학의 내용, 즉 의식의 경험이 산출하는 진리 내용의 측면을 가지고 있다. 따라서 정신이 의식의 형태로 드러나는 현상에는 논리학의 내용이 이미 포함되어 있으며, 정신

---

24 자연적 의식과 현상지의 구별에 대해서는 W. 마르크스, 『헤겔의 정신현상학 ― 서문과 서론에 나타난 정신현상학의 이념 규정』, 장춘익 역, 서광사, 1984. 31f.

이 의식 속에 현상하는 과정을 서술한 정신현상학은 논리학적인 내용에 의해서 개진된다. 하지만 정신이 의식 속에 현상하면서 주객 분리의 구조로 분열되기 때문에 정신은 **비진리**의 가능성을 떨쳐 내지 못한 상태로 떨어진다. 하나의 자연적 의식 속에 출현하는 논리 규정은 한편으로 그 의식 형태로 현상하지만, 다른 한편으로 언제나 과정의 다음 단계에서 새로이 나타난 다른 형태에 의해 부정되어 **가상**으로 전락하게 될 운명에 처해 있다. 의식의 경험의 과정 속에서 현상은 그것으로 존재하면서, 다른 한편으로 자신의 **비존재**를 지니고 있다. 즉 현상하는 것은 현상한 만큼 소멸되어 가야만 하는 것이다. 칸트에게 가상은 변증론의 대상으로서 절멸되어야 할 궤변적 추론에 불과하지만, 헤겔의 사변적 고찰에 있어서 현상은 또한 가상이기도 한 것이어서 이러한 가상을 통해서 존재의 본질이 드러나는 것이다. 다시 말해 "가상 그 자체는 본질에 본질적이다".[25] 현상은 이성적 핵심(Kern), 즉 논리적 내용을 지니고 있다. 그런데 이러한 논리적 내용은 정태적으로 있는 것이 아니라 항상 과정 속에서 계기적으로 드러나는 것이기 때문에, 그것은 항상 일면적일 수밖에 없다. 현상하는 "학문은 이러한 가상으로부터 벗어나야 한다".(PhG, 71/55, 제4문단) 학문은 끊임없이 등장하면서 앞서 있었던 가상을 밀어내고 계속 진행해야 한다. 현상학이 지와 대상이

---

25 Hegel, *Vorlesungen über die Ästhetik*, Therorie Werkausgabe, Bd. 13, 21; "가상은 본질 자신의 가상이다."(Hegel, *Wissenschaft der Logik II*, Therorie Werkausgabe, Bd. 6, 17/244)

분리된 그러한 상황으로부터 벗어나야만 의식으로부터 순수하게 정화된 진리의 영역인 논리학으로 전화될 수 있다.

하지만 가상에 대한 지양은 **단계적**이어야 한다. 칸트의 변증론에서 가상을 다루듯이, 만약 현상학이 허위적 지를 아무것도 아닌 것, 즉 가상이라고 확신하면서 이를 **단적으로** 부정해 버린다면, 현상학의 논리학으로의 전개 과정 자체가 무효화된다. 왜냐하면 현상학에서는 하나의 의식이 자신 곁에 나란히 출현하는 허위적인 지를 극복하는 과정에서 그러한 극복의 성과물들이 축적되고, 현상학은 그러한 과정을 거쳐 비로소 의식의 비진리적 측면으로부터 완전히 정화된 진리의 영역에 도달할 수 있기 때문이다. 그렇지만 이러한 현상학적 과정을 수행할 때 오로지 현상학의 국면들에만 의존하여 의식의 경험을 수행한다면, 본래의 목적인 순수지의 지평에 도달할 수 없다. 현상학의 서술, 즉 의식의 경험 과정의 서술은 의식의 경험 이면에 전개되고 있는 **논리학**의 필연적인 계열에 따라 비진리성을 극복하여 순수지의 지평으로 나아가야 한다. 만약 현상학의 서술이 이렇게 논리적인 수미일관한 전개에 기초하지 않고 오로지 경험하는 의식의 측면에서만 그 과정을 진행한다면, 각각의 유한적 의식의 대립은 발전적으로 극복되지 않고 오히려 목적도 방향도 없는 맹목적 알력 상태에 머물러 버릴 것이다. 학문, 즉 사변적 논리학이 의식 속에 현상하는 것을 기술하는 현상학은 논리학의 약도에 따라 비판의 대상이 되는 자연적 의식 형태들을 하나의 형태가 다른 형태에 의해 논리적으로 반박되도록 조직해야 한다. 반박의 과정은 논리적 필연성에 따라 단계적이고 체계적으로 구성되어야 한다. 통상적 인식은 자신의 **존재**를 근거로 자신의 곁에 나란히 존재하는 다른 허위적 지들을 그저 아무것도 아니라며 추상적으로 부정하고 배제하는 **확언**의 방식을 취한다. 이에 반해 헤겔은 자연적 의식들이 현상하고 지양되는 계열을 논리적 필연성 속에서 체계화한다. 그럼으로써 자연적 의식에 대한 비판을 현상지의 체계로 구성한다. 이로써 헤겔은 현상학을 통해서 일상적인 지식을 학문적으로 매개하면서, 통상적 인식론의 무매개적 특성을 비판한다. 헤겔은 현상하는 지의 서술(Darstellung)이라는 자신의 고유한 방식으로 인식비판을 수행하는 것이다.

3 │ 자신을 완성해 가는 회의주의로서 의식의 도야의 상세한 역사

헤겔은 현상지의 서술을 "참된 지를 향하여 돌진하는 자연적 의식의 길"(PhG, 72/55, 제5문단)이라고 표현한다.

그것은 "영혼이 자신의 본성에 따라 자신 앞에 놓인 정류장으로서의 자신의 형태들의 계열을 관통해 나아가서, 자기 자신에 대한 온전한 경험을 통해 자체로 있는 바의 자기 자신을 알게 되면서

자신을 정신으로 순화해 나아가는 영혼의 길"이다.(같은 곳)

자연적 의식은 본성적으로 자신의 개념적 필연성에 따라서 자신 앞에 펼쳐지는 단계 중 그 어떤 것도 건너뛸 수 없으며 모든 과정을 경험해야만 한다. 그리하여 결국 자연적 의식은 자신이 그 자체로 있는 바(an sich)의 지식, 즉 자신의 개념에 상응하는 지의 단계에 도달하게 된다. 다시 말해 자연적 의식의 길을 통해 영혼은 자연적, 상대적 제약성을 벗어 던지면서 의식, 즉 현상지에서 정신, 즉 순수한 논리적 내용으로 전화하는 것이다. 하지만 "이러한 길이 자연적인 의식에게는 부정적인 의미"(PhG, 72/56, 제6문단)를 지니게 된다. 정신현상학의 각 단계에서 드러나는 형태들, 즉 감각적 확신, 지각, 오성 등의 형태들 각자는 스스로 자신만이 진리를 드러내는 실재적인 지라고 주장한다. 그러나 이들은 그 자체 진리로서 참된 지, 학문의 개념이 아니라 그리로 나아가는 과정에 있는 한 계기들일 뿐이며 이 계기들의 **총체성**만이 온전한 지로서의 **진리**다. 따라서 참된 지로 나아가는 과정의 각 단계에서 확인되는 것은 그때그때 **자연적 의식**들이 자신의 실재성이 상실되고 **비진리**를 경험한다는 사실이다. 이것은 계기들의 **총체성**인 **학문**의 관점에서 보면 계기들이 단지 계기일 뿐이라는 상대성의 제약을 드러내는 과정이고, 이러한 과정을 통해 학문의 개념이 실현되는 것이다. 자연적 의식에게는 부정적인 경험의 과정이, 학문의 관점에서는 학문의 형성 과정인 것이다.

거꾸로 말해서 "개념의 실현인 것이 자연적 의식에게는 오히려 자기 자신의 상실로 간주된다. 왜냐하면 자연적 의식은 이러한 길 위에서 자신의 진리를 상실하기 때문이다. 그렇기 때문에 이러한 길은 **회의**(Zweifel)의 길로서 혹은 보다 본래적인 의미로 말하자면 절망(Verzweiflung)의 길로서 간주될 수 있다".(PhG, 72/56, 제6문단) 하지만 자신의 진리성의 상실이라는 절망과 회의의 과정을 겪으면서 절대적 순수지의 단계로 나아가는 자연적 의식의 길은 통상적인 의미에서의 회의주의와는 다른 것이다. 예를 들어 데카르트의 방법적 회의는 사유하는 자아의 확실성 여부를 더욱 확실하게 부여하기 위해 방법론적으로 의심해 본 것에 지나지 않는다. 그렇지만 자연적 의식의 회의는 방법적 회의처럼 처음에 상정하였던 진리를 다시 확인하는 것이 아니라, 자신의 진리가 다음 단계의 진리에 의해 부정되는 경험을 필연적으로 수행하게 되는 것이다. 그런 의미에서 자연적 의식의 길은 그 자체가 **절망**의 길인 것이다. 헤겔은 이러한 과정을 "현상지의 비진리를 의식적으로 통찰하는 것"(PhG, 72/56, 제6문단)이라고 말한다. 현상지는 논리적 약도에 따라 체계적으로 배열된 자연적 의식이지만, 그것은 여전히 현상하는 지이기 때문에 정신으로 순화되어야 한다. 따라서 현상하는 지가 가장 실재적인 지라고 여기는 것은 사실상 가장 비실재적인 지다. 이러한 사실을 간파하는 것이 다름 아닌 회의주의이다. 헤겔은 현상지의 비진리성을 폭로하면서 자기 자신을 순화해 나가는 활동을 "자기를 완성해 가는 회의주의(der sich vollbringende Skeptizismus)"라고 칭한다. 절망(Verzweiflung)이라는 단어는 '회의(Zweifel)가 완결된(Ver-: 완결, 종결을 나타내는 접두사) 것'이라는 의미를 담고 있으므로, 완전한 절망을 통해 보다 발전된 다음 단계로 이행하였을 때 비로소 회의주의가 완결되는 것이다.

헤겔은 자기 자신을 완성해 가는 회의의 길을 "학문을 향해 가는 의식 자신의 **도야**의 상세한 역사"라고도 한다.(PhG, 73/56, 제6문단) 도야(Bildung)라는 개념은 한 인격체의 성장을 의미한다. 헤겔은 당시 바이마르 고전주의에서 발생한 독일의 특별한 소설 장르인 성장소설(Bildungsroman)의 영향으로 『정신현상학』을 **철학적 성장소설**로서 기획하였다. 성장소설은 한 인간이 무의식적 청소년으로부터 온전히 성숙한 인격체로의 내면적 발전을 서술한다.[26] 성장소설에서 주인공은 이러한 발전을 통해 공동체 속에서의 자신의 과제를 긍정하고 성취한다. 이러한 도야의 과정(Bildungsgang)은 우정과 사랑, 세상의 현실에서 직면하는 위기와 투쟁을 거쳐 자연적이고 정신적인 소질을 발전시키고 청소년기의 주관주의를 극복하면서 성숙된 의식에 도달하는 과정으로 전개된다. 성장소설에서 주인공이 거쳐 가는 각각의 경험 단계는 보다 높은 단계를 위한 토대가 되며 성숙과 완성, 자아와 세계의 조화로운 일치라는 목표를 달성해 나가는 과정이다. 헤겔은 튀빙겐 신학교 재학시절에 이미 성장소설의 전형이라

---

26 이하 성장소설에 대하여는 *Metzler Literaturlexikon*, hg. v. G. und I. Schweikle, zweite, überarbeitete Auflage, Stuttgart 1990, 55 참조.

고 할 수 있는 루소의 『에밀』을 읽었고 바이마르와 예나에서 괴테와 교류하면서 괴테의 『빌헬름 마이스터의 수업시대』와 같은 대표적 성장소설의 영향을 받았을 것으로 추정된다.[27] 성장소설(Bildungsroman)의 도야(Bildung)개념이 말해 주듯이 헤겔의 경험개념은 칸트가 말하는 감각적 경험개념보다 훨씬 다양하고 풍부한 것이다. 칸트는 경험이라는 개념 아래서 감성적 직관에 주어지는 잡다를 오성이 결합함으로써 대상을 형성시키는 작업에만 한정하고 있다. 하지만 헤겔의 경험개념은 감각적 확신과 지각 장에서 말하는 감각 경험 외에도 법칙적 인식, 정치적 투쟁, 관찰과 실험, 윤리적 인식, 종교적 및 미적 체험 등 다양한 스펙트럼을 보여 준다.

헤겔은 이러한 자연적 의식의 도야를 "학문을 하면서 권위에 눌려 다른 이의 사상에 복종하려 하지 않고 … 모든 것을 스스로 산출하고 자신의 고유한 행위만을 참된 것으로 간주하려는 **결의**"와 구별한다.(PhG, 73/56, 제6문단) 어떤 학문하는 태도는 회의주의로 철저히 무장한 학문적 열의를 가지고, 다른 사상을 따르는 것은 타자의 권위에 복종하는 것이며 **자기 자신에 대한 확신**에 머무는 것이 학문과 진리에 대한 온전한 탐구의 태도라고 잘못 생각한다. 자기완성적 회의주의는 이러한 학문적 태도를 위한 수단이 아니다. 헤겔에 따르면 자기 확신은 타인의 권위에 복종하는 것에 비해 허영심에 부풀어 있다는 차이가 있을 뿐,

---

27 J. 이뽈리뜨, 『헤겔의 정신현상학』, 김상환, 이종철 역, 문예출판사, 17 참조.

양자는 공히 **사견**(Meinen)과 선입견의 체계 속에 있을 수 있다. 주관적 자신감을 가지고서 아무리 자기검사에 의해 검증된 것만 참이라고 확신하려 해도, 그것은 단지 무매개적인 확신에 불과한 것이다. 하지만 진리는 이러한 행위에 의해 산출되는 것이 아니다. **확언**이나 **결의**와 같은 방식은 자기만을 고집하면서 타자를 추상적으로 부정해 버리고 마는데, 그 부정된 타자는 자신과 관계 맺지 못하고 단지 자신의 밖에 머물러 있다. 하지만 그럼으로써 확언이나 결의도 자신의 밖에 있는 타자에 의해 제약되는 상대적인 것이 되고 만다. 절대자에 대한 서술로서의 학문은 타자를 부정하고 자신만을 확신하는 것이 아니라 타자와의 매개를 통해 자신을 정당화해야 한다.

자기 확신은 도야 과정에서 나타나는 하나의 국면을 매개된 것이 아니라 **직접적**으로 발생한 것이라고 잘못 생각한다. 이러한 생각은 의식의 도야 과정의 각 단계에서 각각의 자연적 의식이 범하는 착오다. 자연적 의식의 각 형태는 자신을 타자에 의해 매개된 것으로 보지 않고, 오직 자기 자신에 근거한 직접적인 것으로 여긴다. 하지만 이러한 직접적인 것은 매개를 통해 정당화된 것이 아니다. 그것은 단지 자연적 의식이 갖는 사사로운 생각, **사념**(私念, Meinen)일 뿐이다. 자연적 의식이 표방하는 사념들은 직접적으로 자신의 실재성을 주장하는 **자기 확신**에만 머문다. 하지만 자기완성적 회의주의는 자연적 의식이 표방하는 사념들의 상대성과 비진리성을 폭로하여 그것들을 절망케 하면서 도야의 과정을 거쳐 간다. 이러한 과정은 각 의식 형태의 실재성, 그것이 주장하는 지의 진리성을 검사하는 방식으로 진행된다. 매 단계에서 검사의 대상이 되는 자연적 의식이 갖는 사념은 자신이 진리임을 확인하려고 시도하지만 그것은 자신의 확신에만 근거하기 때문에 절망으로 결과한다. 무엇이 진리인지를 아는 것은 이러한 절망의 연속적 과정들을 사고하는 정신뿐이다.

　자연적 의식은 실재적이지 않은 지를 갖는 참되지 않은 의식이다. 하지만 이러한 의식의 형태들, 즉 감각적 확신, 지각, 오성 등 그 자체로 유한한 의식들은 경험의 계열 속에서 각각이 차지하는 필연적 위치에 속하는 계기로서 간주될 때, **전체**를 구성하는 **계기**로서 완전하게 된다. 의식의 각 형태는 대상과 대립하고 대상에 대한 자신의 지의 오류에 절망하는 부정적인 운동을 한다. 이렇게 대상을 타자존재로 대립시키는 의식의 일면성 때문에 의식은 의식의 경험들의 유한한 계열의 한가운데에 있는 제약된 의식이다. 이러한 **일면적 의식**은 대상에 대한 경험 속에서 항상 **순수한 무**(Nichts)만을 본다. 말하자면 대상에 대한 인식이 검사 결과 오류로 판명되었을 때 유한한 의식은 자신의 인식이 틀렸고 그렇기 때문에 전적으로 폐기되어야 한다고 생각할 뿐이다. 그것은 "무가 분명히 그 **무를 결과로 산출한 것의** 무라는 사실"(PhG, 74/57, 제7문단), 즉 무가 이전 단계의 부정으로서 산출된 긍정적 결과라는 사실을 알지 못한다. 이것은 헤겔이 초기 철학에서 말하는 회의주의와 같은 것이다. 헤겔은 대립자들의 통일에서 무라는 결과만을 볼 뿐 어떠한 사변적 긍정성도 도출하지 못하는 입장을 회의주의라고 하였다.[28] 사변철학은 대립자

들의 통일이 긍정적인 결과를 산출한다는 사실을 본다. 『정신현
상학』에서도 의식은 자신의 사념과 그것의 부정이라는 대립의
통일 속에서 자신의 지의 순수한 부정만을 본다. 왜냐하면 여
기서 의식은 자신만이 대상을 파악하는 가장 확실한 방법이라
고 절대적으로 확신하기 때문이다. 하지만 그 의식의 형태가 과
정적 계열 중의 한 계기에 불과하다는 점을 아는 철학자의 입장
에서는 각 의식의 형태는 절대적인 것이 아니라 상대적인 것으
로 격하된다. 이제 각 의식 형태는 이전의 의식 형태의 부정의
결과이다. 부정은 한 의식 형태를 온전히 절멸시키기만 하는 것
이 아니라 긍정적인 결과를 산출한다. 새로운 적극적 내용이 제
시되면서 이전의 내용이 부정된다. 따라서 무, 부정은 모든 것
을 제거하는 추상적인 무, 부정이 아니라 특정한 내용을 가진 **규
정적인** 무, 부정이다. 추상적 무를 사유하는 회의주의는 무를 산

---

28 헤겔은 초기 철학에서 유한자를 무한자로 고양하기 위해 유한자를 그것의 대립자
와의 결합을 통해 부정하는 방법, 즉 변증법을 사용한다. 그는 이러한 방법을 유한
자의 무실성(Nichtigkeit)을 인식하는 '회의주의'라고 지칭하기도 한다. 헤겔은 이러
한 의미의 회의주의가 "모든 진정한 **철학 체계**에서 함축적으로 들어 있는 것으로서
발견"된다고 주장한다.(Hegel, *Verhältnis des Skeptizismus zur Philosophie*, in: Theorie
Werkausgabe, Bd. 2, 229/208, 뒤의 숫자는 Hegel, *Verhältnis des Skeptizismus zur
Philosophie*, in: Gesammelte Werke Bd. 4의 것, 이하 같은 방식으로 순서대로 두 전
집의 쪽수를 병기한다.) 해석자들은 이러한 회의주의를 통상적 회의주의와 구별하
여 학문적 회의주의(wissenschaftlicher Skeptizismus)라고 부른다. 학문적 회의주의
는 유한자를 부정하여 무한자, 절대자로의 도입의 역할을 하는 "철학에로의 첫 번
째 단계"다.(Hegel, 앞의 책, 240/215f.) 하지만 회의주의를 통해서는 유한자가 그것
의 대립자와의 결합을 통해 부정되는 결과만을 가질 수 있을 뿐 사변적 통일을 얻
을 수는 없다. 1804/05년의 논리학을 통해 '규정적 부정'이라는 방법론을 통해 사변
적 통일을 사유하기 전까지 학문적 회의주의 혹은 변증법은 단지 유한자를 부정하
는 부정적인 인식으로서만 생각되었다.

출하는 것으로부터 무가 내적이고 필연적인 과정을 통해 도출된다는 사실을 모른다. 하지만 참되게 파악된 결과는 "**규정적 부정**(bestimmte Negation)"으로 파악된다.(PhG, 74/57, 제7문단) 규정적 부정에 의해 한 형태는 부정되지만, 그와 더불어 새로운 형태가 산출됨으로써 이행이 일어난다. 이러한 방식으로 의식의 형태들의 계열이 형성되며, 한 계기에서 다음 계기로 내적 필연성에 의해 이행할 때 의식의 형태들의 완전한 계열이 형성된다. 의식의 형태들은 **홀로 동떨어져서는 불완전**하고 유한하지만 절대적 총체성의 계열의 한 **계기로서는 완전**하다.

 의식의 경험은 절대적 총체성의 계열의 각 단계를 필연적으로 거치면서 절대지를 목표로 나아간다. 이 의식의 경험의 각 단계 속에는 목표인 절대지의 내용이 계기로서 박혀 있다. 절대지는 개념 혹은 지와 대상이 일치하는 곳이기 때문에 여기서 개념은 더 이상 대상과 대립적인 관계 속에(in relation) 있는 상대적인 것(relative), 제약된 것이 아니다. 절대지로서 지는 자신을 발견한다. 이전에는 대상이 바로 자신이라는 사실을 모르고 **대상에 고착**해서 대상 속에서 자신을 상실했지만, 절대지 속에서 지는 이제 대상이 자신에 다름 아님을 알고 **자신을 발견**한다. 절대지란 바로 진리이며, 로고스로서 이성의 내용이 전개되는 『논리의 학』의 영역이다. 따라서 자연적 의식의 진행의 계열에 **목표**가 이미 필연적으로 놓여 있다는 것은 자연적 의식의 진행의 계열에 **이성**의 내용이 깃들어 있다는 것을 의미한다. 이러한 이성의 필연성에 의해 하나의 자연적 의식의 형태가 다른 자연적 의식의 형태로 이행한다. 이 이행은 자연적 의식에게는 죽음으로 나타난다. 왜냐하면 자연적 의식은 자연적 삶에 제한되어 있기 때문이다. 자연적 의식은 자연의 모든 유한한 생명처럼 죽음을 맞이해야 한다. 그런데 자연적 의식의 죽음은 자기 자신에 의해 이루어지는 것이 아니라 타자에 의해 수행된다. 가령 감각적 확신은 자신의 타당성만을 확언하는 의식 형태로서 자신의 진리가 단순한 것, 개별자가 아니라 **보편자**라는 사실을 경험하고 자신의 타당성을 상실한다. 여기서 진리인 보편자는 사물을 대상으로 갖는 **지각**에 상응하는 진리다. 왜냐하면 사물의 진리는 자기동일적 **보편자**이기 때문이다. 따라서 감각적 확신의 죽음은 자기 자신에 의해서 스스로를 부정하고 넘어서는 것이 아니라 타자인 지각에 의해 부정되고 넘어서지는 것이다. 자연적 의식의 측면에서 볼 때 의식의 각 형태는 자신이 절대적으로 타당한 것이라고 확언하지만, 자신의 타당성이 부정되었을 때 이 부정이 의미하는 것은 절대적인 절망, 타당성의 중지로서 사망선고이다. 이행이 자연적 의식에게 죽음으로 나타나는 것은 자연적 의식 자신이 절대지의 전개 과정의 한 **계기**라는 것을 알지 못하기 때문이다.

하지만 이행은 이성적 관점, 즉 철학자의 관점에서 보면 타자에 의해 이루어지는 것이 아니라 자연적 의식 자신으로부터 필연적으로 일어난다. 의식 자체는 그 안에 개념, 즉 이성적 내용을 가지고 있다. 이때 개념이란 한 사물이나 사태의 규정으로서 자신을 실현해야 할 가능적인 것이다. 헤겔은 아리스토텔레

스와 마찬가지로 목적론적으로 사고하기 때문에 헤겔에게 모든 유한자의 **규정**(Bestimmung)은 자신을 실현해야 할 **본분, 사명**(Bestimmung)을 갖는다.[29] 아리스토텔레스의 목적론적 계열 속에 있는 모든 사물이 현실태와 가능태의 결합이듯이 헤겔에게 모든 유한자는 존재(Sein)이면서 동시에 아직 존재하지 않지만 존재해야만 하는 것, 즉 **당위**(Sollen)이다. 모든 유한자는 타자와 나란히 있으면서 타자에 의해 제한된다. 그래서 헤겔은 유한자가 갖는 당위를 "제한을 넘어섬(Hinausgehen über die Schranke)"이라고 정의한다.[30] 유한자는 타자와의 경계에 의해서 자신의 규정을 갖는다. 하지만 그럼으로써 유한자는 타자와의 경계인 제한을 자신 안에 갖는다. 말하자면 자신의 규정을 가짐으로써 동시에 타자와의 관계를 구성적으로 자신 안에 갖게 된다. 헤겔에 따르면 존재는 홀로 있는 독자적인 존재(Fürsichsein, being for itself)일 뿐만 아니라 동시에 항상 타자에 대한 존재(Sein für Anderes, being for others), 타자와 관계 맺고 있는 존재다. 따라서 각각의 존재에는 이미 타자성이 구성적으로 내재해 있다. 유한자는 한편으로 자신의 규정이어야 하는 **당위**이지만, 다른 한편으로 동시에 **제한**과 함께 **타자성**을 자신 안에 갖는다. 따라서 유한자는 **모순적**이며, 자기모순 때문에 자신을 넘어서야 한다. 하지만 유한자는 유한하기 때문에, 유한자가 제한을 넘어서는 것은 단지 "**유한하**

---

29 독일어 'Bestimmung'은 규정과 본분 내지 사명이라는 의미를 모두 갖는다.
30 Hegel, *Wissenschaft der Logik I*, Therorie Werkausgabe, Bd. 5, 144, 147/121, 123.

게 넘어서는 것"일 뿐이다.[31] 유한자는 자신을 넘어 타자로 이행하지만 타자 역시 마찬가지로 유한자이기 때문에 다시금 타자로 이행해야 하는 무한진행에 빠진다. 무한진행의 계열에서 하나의 유한자는 다른 유한자로 이행하여 거기서 자신을 발견하는 것이 아니라 자신을 상실하고 소멸해 간다. 이것이 『논리의 학』에서 존재 논리의 전형이다. 하지만 유한자가 내포하는 제한을 통해 사유되는 타자성이 유한자 **자신의 타자**이며, 유한자는 타자로 이행하면서 자기 자신으로 귀환하는 것이라는 사실을 사유하게 되면 그것은 더 이상 유한자가 아닌 **무한자**의 사유가 된다. 이렇게 볼 때 타자란 자기가 실현해야 할 자신의 현실태라고 할 수 있다. 이것은 **유기체**의 자기전개의 논리와 같다. 유기체는 자신이 전개할 타자태(자신의 다른 모습)를 가능적으로 이미 자신 안에 포함하며 자신을 부정하여 자신의 타자태로 이행한다. 즉 자신을 넘어서 자신을 실현한다. 이것이 모든 유한자에 내재한 진리이며, 유한자의 규정, 본분(Bestimmung)이다. 타자로부터 구별됨으로써 그러그러하게 규정되는 유한자는 한계를 갖는데 이 한계가 바로 타자다. 이 타자는 유한자에 내재하는 것으로서, **자기모순**에 의해 자신을 넘어서야 하는 유한자의 내재적 원리다. 하지만 유한자의 관점은 그것을 유기적 운동으로 보지 못한다.

마찬가지로 『정신현상학』에서도 **자연적 의식**은 자신의 인식

---

31 앞의 책, 147/123.

의 타당성을 부정당하고 다른 형태의 자연적 의식으로 이행하지만 그것을 자신의 연속으로 보지 못하고 단지 **단적인 타자**로만 간주한다. 자신의 타당성을 확언하는 자연적 의식 자신은 자신의 부정이 타자에 의해 일어난다고 생각한다. 하지만 **철학자**는 한 의식 형태의 부정으로서 등장하는 다른 의식 형태가 앞의 의식 형태 **자신의 타자**이며, 그럼으로써 의식의 경험의 계열이 **연속적** 과정이라는 사실을 안다. 타자는 **자기 자신의 타자**이고, 한 의식 형태의 부정과 그것의 넘어섬은 의식 자신의 **내재적** 원리에 의해 수행된다. 이것을 보는 자는 철학자다. 철학자는 하나의 의식 형태를 제시하고 그것 스스로 자신의 타당성을 검사하게 한다. 그것의 부당함이 밝혀졌을 때 한 의식의 형태는 다른 의식의 형태에 의해 부정당했다고 생각한다. 그런데 감각적 확신이라는 의식의 형태 옆에 지각이라는 의식의 형태를 갖다 놓는 이는 철학자다. 철학자는 감각적 확신이 부정되고 **필연적**으로 지각으로 이행해야 한다는 사실을 안다. 여기서 필연성이 말해 주는 것은 이행이 철학자의 외적인 자의적 조작에 의해서가 아니라 자연적 의식 자신에 **내재한** 원리에 의해 발생한다는 것이다. 철학자는 논리적 필연성의 메타포일 뿐이다. 그러니까 감각적 확신에서 지각으로의 이행은 어떤 **외적인 부정**이 아니라, 감각적 확신이 **자기 부정**을 통해 자신의 제한을 넘어 지각으로 자신을 실현함을 말한다. 철학자에 의해 배열된 인식의 각 모델로서 의식의 형태들의 계열은 **이성적**으로 볼 때 의식이 한 형태에서 다른 형태로 **필연적**으로 이행하는 하나의 **연속적**인 과정이다. 정신현상학은 의식의 관점과 철학자의 관점이라는 두 가지 관점 아래 서술된다. 의식의 관점에서 계열은 단지 한 자연적 의식이 다른 자연적 의식에게 패하고 밀려나는 단편적 투쟁이다. 하지만 철학자의 관점에서 그 투쟁들은 하나의 의식이 각각의 형태들을 경험하며 자신을 발전시키고 실현하는 하나의 통일적 과정이다.

하지만 이 두 가지 관점은 서로 무관하게 양립하는 것이 아니다. 현존하는 것은 오직 경험하는 의식이므로 의식의 경험에 **이성**이 간섭하는 방식으로 두 관점은 매개된다. 의식의 형태는 개별적인 것으로서 타자와 나란히 있다. 이때 타자는 피안이다. 각각의 의식 형태는 자신의 개별성 속에서 만족을 얻으려 하지만 타자에 의해 부정될 수밖에 없다. 이때 부정은 각각의 개별적 의식에게는 자신의 자족적 만족을 파괴하는 폭력으로 여겨진다. 이러한 폭력에 시달리면서도 상실의 위기에 처한 의식이 자신을 유지하려고 노력할 수도 있다. 하지만 자연적 의식이 자신의 "무사고의 나태함"(PhG, 75/57, 제8문단)에 머무르려고 하여도, 그것은 **이성적** 사고에 의해 반드시 방해받는다. 이성은 사고의 안정을 허락하지 않으며 끊임없이 활동하는 사고의 "불안"(PhG, 75/57, 제8문단)을 통해 의식이 무사고의 나태함에 머물러 있지 못하게 한다. 여기서 사고란 이성의 활동을 말한다. 이성의 원리가 지배하는 한 의식은 유한하고 상대적인 하나의 의식 형태를 절대화하여 그 안에 안주할 수 없다. 개별적 의식 형태는 자신의 방식이 타당하다고 확언하며 자신의 방식에 만족할 수 있다. 하지만 이성은 이러한 안정을 부정한다. 이성은 어떤 것이 **하나의** 방식인 한 여러 방식 중에 하나인 **상대적인** 것이기 때문에 그것에 만족하지 못한다. 그래서 의식에게 거기서 멈추지 말고 절대적인 것으로 향할 것을 명령한다.

헤겔은 자신이 비판할 이론 및 태도와의 대립 구도 속에서 『정신현상학』의 이념을 제시한다. 헤겔의 비판의 대상은 인식의 도구설 및 매체설이 제기하는 **인식비판, 확언**의 방식과 **결의**의 태도다. 이것들은 다름 아니라 **자연적 의식**이 갖는 특징들로서 헤겔은 자연적 의식의 존재 방식을 **직접적**이라고 표현한다. 자연적 의식의 각 형태는 다른 의식 형태와 매개되는 것이 아니라 직접적으로 진리 주장을 하고 직접적으로 타자를 부정한다. 이러한 직접성은 타자와 매개되지 않기 때문에 자신을 상대화하지 못하고 자신이 진리임을 **절대적**으로 주장한다. 하지만 헤겔은 자신의 학문적 주장을 현상지의 서술 방식으로 논증하려고 한다. 이러한 기획에 따라 자연적 의식은 현상지의 계열 속에서 하나의 위치만을 지니는 **상대적인** 것으로 격하된다. 자연적 의식의 상대화를 통해 그것이 주장하는 절대적 타당성이 부정되는 방식으로 자연적 의식에 대한 비판이 수행된다. 하지만 이러한 **비판**의 과정은 동시에 현상지의 계열을 통해 학문을 증명하는 과정이 **구성**되는 것이기도 하다. 자연적 의식의 타당성에 대한 비판은 **추상적 부정**에 머무르지 않으며, 현상지의 계열은 부정된 의식 형태들의 **단순한 나열**이 아니다. 자연적 의식의 비판이 학문의 체계적 증명 과정이 되게 하는 것은 이 이중적 과정이 확언과 결의가 아닌 **도야**의 방식을 취하기 때문이다. 이렇게 의식의 경험을 도야로서 가능케 하는 것은 **규정적 부정**이라는 논리다.

헤겔이 자연적 의식의 비판을 통해 절대적 진리의 학문을 정당화하는 과정은 동시에 자신 이전에 제기된 다양한 인식론 모델들에 대한 비판이기도 하다. 지와 대상이라는 의식의 두 계기가 특정한 방식으로 관계하면서 특정한 형태의 의식이 성립한다. 지가 대상에 관계하는 의식의 활동이 다름 아닌 **인식**이기 때문에 각각의 의식 형태들은 상응하는 **인식 모델**들을 대변한다. 가령 사물에 대한 지각 의식의 인식은 경험론에, 법칙에 대한 오성 의식의 인식은 자연과학적 인식 모델에, 자기의식 간의 상호 승인은 실천적 인식 모델에, 이성 의식은 칸트의 관념론적 인식 모델에 각기 상응한다고 할 수 있다.[32] 『정신현상학』은 절대적으로 자신이 진리라고 주장하는 인식 모델들을 의식의 형태들로서 의식의 도야의 과정 속에 상대화시키면서 그것들의 타당성 요구를 부정한다. 이러한 인식비판의 과정은 한편으로 역사적 구성을 통해 각각의 인식 모델들이 자신의 생성을 망각한 직접적이고 단편적인 진리 주장들이라고 그것의 **절대적**

---

[32] 감각적 확신의 대상인 "감각자료는 본래 직접적으로 주어지지 않고 개념적 집합의 예로서만 간주될 수 있다. … 대상으로서 직접적으로 알려진다고 전제된 지금은 결코 현실적인 개별 대상이 아니다".(A. Graeser, "Zu Hegels Potrait der sinnlichen Gewißheit," in: *Phänomenologie des Geistes*, hg. von D. Köhler u. a. Berlin 1998, 46) 따라서 감각적 확신은 고유의 인식 대상을 가질 수 있는 인식 모델이 아니라 사물 지각의 계기로서 특정하게 가정된 상황이라고 할 수 있다.

인 타당성을 박탈하면서, 다른 한편으로 그것에 정신을 규정하는 계기로서의 역할을 부여함으로써 **상대적 타당성을 부여**한다. 이렇게 헤겔은 자연적 의식으로 표상되는 통상적 인식론의 여러 모델들을 지양하여 논리적 필연성에 따라 전개되는 하나의 체계로 조직함으로써 기존의 인식론과 대비되는 독특한 인식론의 유형과 이념을 제시한다.

제
3
장

정신현상학의
방법

1

의식의 자기검사와 우리의 관망

지금까지는 헤겔이 당대의 인식론, 특히 칸트의 인식론과 대비되는 자신의 고유한 인식론을 어떻게 구상하는지에 대해 살펴보았다. 그것을 통해 필연성을 가지고 전개되는 의식의 경험의 진행에 대한 일반적인 특징이 고찰되었다. 하지만 그것은 당대의 인식론에 대한 헤겔의 고유한 대안으로서 『정신현상학』의 이념을 제시한 것일 뿐, 그 이념이 구체적인 방법을 통해서 어떻게 전개되어야 하는지는 아직 탐구되지 않았다. 이제 한 의식 형태에서 다른 의식 형태로 어떻게 이행됨으로써 의식의 경험이 수행되는지 구체적인 방법이 탐구되어야 한다.

"수행의 방법"(PhG, 75/58, 제9문단)에 대한 서술은 현상하는 지와 그에 상응하는 학, 즉 논리적 규정의 관계에 대한 것이다. 이것은 또한 각각의 의식 형태들이 표방하는 **"인식의 실재성에 대한 탐구와 검사"**(PhG, 75/58, 제9문단)의 작업이기도 하다. 왜냐하면 검사는 검사되는 의식의 경험에 그것이 맞는지 아닌지를 확인하기 위하여 진리의 척도를 갖다 대야 하는데, 이 척도란 다름 아닌 논리적 규정이기 때문이다. 학문, 논리적 규정은 **본질**이며 **자체존재**(Ansichsein)이다. 가령 감각적 확신은 자신의 대상이 '단순한 것', '개별자'라는 논리적 규정을 갖는 '이것'이라고 생각한다. 이때 '단순한 것'은 감각적 확신이 대상의 본성을 제대로 파악했는지 않은지를 맞춰 볼 수 있는 척도다. 그것은 의식과 독립적으로 있는 자체적인 것(Ansich)이다. 또한 그것은 감각적 확신의 진리, 즉 본질을 나타내는 규정이다. 각각의 의식 형태들에는 본래 자신에 상응하는 논리적 규정이 있으며, 그것이 그들의 진리, 즉 본질이다. 그들이 주장하는 인식의 타당성을 확인하기 위해서는 이 진리로서의 자체존재가 척도로서 필요하다. 그런데 아직 학에 도달하지 못했고 학이 막 출현하는, 현상하는 단계인 『정신현상학』에서는 학의 규정들은 아직 현상 속에 있는 상대적인 것일 뿐 절대적 타당성을 확증 받지 못했다. 현상하는 학에서 척도는 끊임없이 부정되어야 하므로 아직 정당화되지 못한다. 따라서 정당화되지 못한 학의 규정들이 진리 혹은 척도로서 기능하는 데는 문제가 있을 것 같다. 하지만 척도 없이는 어떤 검사도 행해질 수 없는 어려움이 있다. 헤겔은 이렇게 해결하기 쉽지 않아 보이는 문제를 제시하고 그것의 해결 방법을 서술한다.

이러한 문제를 자세히 살펴보고 해결하기 위해서 헤겔은 지(知, Wissen)[33]와 진리가 의식에 어떻게 나타나는가를 살펴볼 것을 제안한다. 여기서 지란 정확히 말하면 지에 의해 파악된 대상의 개념을 말한다. 그것과 진리 모두가 의식의 경험이 도달한 정신의 왕국인 논리학의 내용이다. 이 논리 규정이 의식에 현상

---

33 칸트의 『순수이성비판』에서 'Anschauung'이 직관작용과 직관된 것이라는 두 가지 의미를 갖듯이 'Wissen'은 지식작용과 지식이라는 두 가지 의미를 갖는다. 따라서 'Wissen'을 지식이라고 번역할 경우 지식작용의 의미를 담을 수 없기 때문에 지라고 번역한다.

할 때, 진리로서의 개념은 의식의 대상이 되고 대상에 지가 맞세워진다. 그럼으로써 본래 통일적인 진리는 의식 속에서 지와 대상이라는 두 계기로 현상한다. 달리 말하면 진리가 의식에 나타난다는 것은 의식이 자신과 관계하는 대상을 자신으로부터 구별한다는 것이다. 이 구별 행위를 통해 의식 안에는 의식과 대상이라는 의식의 두 계기가 생긴다. 계기란 물리학의 용어로서 하나의 통일 속에서 구별되어 있는 부분들을 의미한다. 말하자면 부분들이 하나의 통일 속에서 불가분리한 관계 속에 있는 것을 말한다. 감각적 확신, 지각, 오성과 같은 의식은 각기 의식 형태로서 하나의 통일된 단위이다. 의식은 항상 무엇에 대한 의식이므로 하나의 통일된 단위로서의 의식은 자신 안에 지향된 **대상**이라는 계기를 포함하고 있다. 다른 한편으로 이 대상을 지향하는 **의식**(작용)이 통일된 단위로서의 의식의 또 다른 계기로서 대상에 맞서 있다. 이 계기로서의 의식이 지다. 대상은 의식에 **대해** 있는 것이며 이 **관계 맺음**이 지다. 헤겔은 지를 **대상의 의식에 대한 존재**(대상이 의식에 대해 있음)라고 한다.(PhG, 76/58, 제10문단) 다시 말해서 지란 의식에 대해 존재하는 대상, 즉 의식에 의해 파악된 대상의 내용이다. 이 **의식에 대한 대상**(Gegenstand für das Bewußtsein, object for the consciousness)은 헤겔이 『논리의 학』 존재론에서 '어떤 것'의 두 계기 중 하나로서 말하는 "**타자에 대한 존재**(Sein für ein Anderes, being for others)"에 해당한다.(PhG, 76/58, 제10문단) 다른 한편으로 의식의 또 다른 계기로서 타자에 대한 존재와 구별되는 자체존재(Ansichsein, being in itself)가 있다. 이 자체존재는 『논리의 학』 존재론에서 '어떤 것'의 또 다른 계기를 형성하는 것이기도 하다.[34] 자체존재는 ―계기로서의― 의식 혹은 지와 관계 맺고 있는 대상이 아니라 그것으로부터 독립해서 그 자체로 있는 대상이다. 이러한 자체존재는 진리라고 불린다. 우리의 지가 타당한지 않은지를 맞추어 보려면 우리의 지와의 **관계 바깥에** 독자적으로 있는 대상이 필요하며, 이때 대상은 우리의 지의 옳고 그름을 판가름하는 척도이자 진리의 내용이다.

헤겔은 의식의 두 계기인 지와 대상을 규정하고 난 뒤에 검사의 척도 문제를 제기한다. 의식의 경험은 의식이 자신이 갖고 있는 "인식의 실재성"(PhG, 75/58, 제9문단)을 탐구하고 검사하는 것이며, 인식은 지의 내용이므로 그것은 "지의 진리"(PhG, 76/58, 제11문단)를 탐구하는 것에 다름 아니다. 그런데 지의 진리를 탐구하는 것, 즉 의식이 갖는 인식의 실재성을 탐구하는 것은 우리 철학자가 수행하는 작업인 것처럼 보인다. "그것은 우리가 지 **자체**가 무엇인지를 탐구하는 것처럼 보인다."(PhG, 76/58f, 제11문단) 그렇게 된다면 "이러한 탐구에서 지는 **우리의** 대상이며 지는 **우리에 대하여 있는 것**"이기 때문에, 탐구를 통해 결과하게 될 지의 자체존재도 "**우리에 대해** 있는 것일 것이다".(PhG, 76/58f, 제11문단) 그렇다면 "본질이나 척도는 우리에게 귀속될 것이며" 객관적인 척도로서 인정될 수 없을 것처럼 보인다.(PhG, 76/58f.,

---

34 "Sein-für-Anderes"와 "Ansichsein"에 대해서는 Hegel, *Wissenschaft der Logik I*. Theorie Werkausgabe, Bd. 5, 127f./106f. 참조.

제11문단) 하지만 이렇게 객관적인 척도가 확보될 수 없다면 의식의 검사는 성공적으로 수행될 수 없을 것이다. 그렇기 때문에 의식의 검사가 수행될 수 있으려면 검사의 대상이 되는 **의식 바깥에** 척도가 놓여 있어야 하고, 우리가 그러한 척도를 의식에 가지고 들어가야만 한다고 생각될 수 있을 것이다.

하지만 헤겔은 척도가 **의식 밖에** 의식과 분리되어 존재해야 한다는 생각을 하나의 **가상**이라고 한다. 이러한 분리는 우리가 탐구하는 대상, 즉 의식의 본성을 탐구하면 부정된다. 여기서 우리는 인식론에 기초한 반성철학과 그로부터 유래하는 철학 원리로서의 판단을 비판했던 청년기 헤겔의 생각을 염두에 두어야 한다. 헤겔은 횔덜린과 함께 했던 스피노자주의적 관점에서 칸트와 피히테의 철학이 표방하는 인식론적 반성과 판단을 비판했다. 반성적 인식론은 항상 의식의 빛이 반사될(reflect) 의식 외부의 대상을 필요로 한다. 하지만 의식과 이질적인 (heterogeneous) 대상이 어떻게 의식과 통일될 수 있는가의 문제는 반성적 인식론의 난점으로 남는다. 횔덜린은 판단이 근원적인 분리여서 근원적인 통일로서의 존재를 파악할 수 없다고 비판한다. 이러한 어려움을 피하기 위해서 헤겔은 지와 대상을 분리된 것이 아니라 의식에 내재한 의식의 두 계기로서 고찰한다. "의식은 자신의 척도를 자기 자신에게 부여하며 그럼으로써 탐구는 의식과 의식 자신의 비교가 된다. 왜냐하면 바로 그렇게 행해진 구분은 의식에 귀속되기 때문이다."(PhG, 76/59, 제12문단) 의식이 자신의 척도를 스스로에게 부여한다는 말을 척도가 의식에 의해 산출된 것이기 때문에 의식 의존적인 것이라는 주장으로 이해해서는 안 된다. 왜냐하면 객관적 척도가 마련되지 않는다면 의식의 실재성을 검사하는 것이 불가능하기 때문이다. 아래에서 헤겔이 어떻게 의식 안에 있으면서도 의식의 활동인지를 검사하는 척도가 객관적일 수 있는지를 논증하는지 밝혀질 것이다. 따라서 위의 인용문은 문맥상 척도가 의식의 외부에서 도입되어서는 안 되며, 의식 안에서 의식 자신에 의해 마련된다는 의미로 이해해야 한다.[35] 이런 의미에서 의식이 갖는 인식의 실재성에 대한 검사는 "의식과 의식 자신의 비교", 즉 인식하는 의식과 대상화된 의식, 지와 대상의 비교가 된다.

의식의 두 계기 중 한 계기로서의 의식은 타자인 대상에 대하여 존재하는 것으로서 지다. 앞서 지는 의식을 위한 대상의 존재, 즉 대상이 의식을 위해 있음, 의식을 위한 **대상**(Gegenstand für das Bewußtsein, object for the consciousness)이라고 규정했었다. 지는 또한 대상을 위한 **의식**(Bewußtsein für den Gegenstand, consciousness

---

35 뒤에 가서 상론하겠지만 "의식은 자신의 척도를 자기 자신에게 부여"한다는 말은 의식이 척도로서의 대상을 정립한다는 의미다. 그럼에도 불구하고 이러한 사실이 대상의 실재성을 부정하고 대상을 한갓된 가상으로 만드는 것은 아니다. 대상은 결국 의식이 정립한 것이라는 사실은 의식의 검사를 거쳐 지와 대상의 분리가 더 이상 존재하지 않는 절대지라는 목표에 도달한 후에 의식이 깨닫는 내용이며, 의식의 경험이 목표를 향해 가는 과정인 한 이러한 사실이 의식의 경험의 매 단계에서도 적용된다고 할 수 있다. 하지만 의식이 끊임없이 대상을 맞세우고 검사를 수행하는 과정 속에서 철학자는 '대상은 의식이 정립한 것'에 다름 아니라는 사실을 알고 있지만, 의식은 그것을 깨닫지 못하고 있다. 이러한 사실에 대한 의식의 무지 때문에 의식이 대상을 실재적인 것으로 정립하는 행위가 지속되고 필연적인 과정을 빠짐없이 거쳐 가는 의식의 검사가 가능한 것이다.

for object)이라고도 표현될 수 있다. 이러한 표현은 앞의 규정들과 마찬가지의 것이다. 왜냐하면 앞의 것이 의식에 의해 **파악된 대상**의 내용의 측면에서의 지를 말한다면, 이 표현은 대상에 관계하는, 즉 대상을 **파악하는 의식**의 작용으로서의 지를 말하기 때문이다. 의식의 다른 한 계기는 계기로서의 의식과의 관계 바깥에, 즉 지 바깥에 그 자체로 존재하는 진리다. 그것은 의식 내의 자체존재이고 참인 것이며, 지의 척도다.

"우리가 **지**를 **개념**이라고 칭하고 본질이나 **참인 것**을 존재자 또는 **대상**이라고 칭한다면, 검사는 개념이 대상에 상응하는 지를 관망하는 데 있다. 하지만 우리가 **본질** 혹은 **대상**의 자체적인 것 (Ansich)을 **개념**이라고 칭하고 이와 반대로 대상을 **대상**으로서의 대상, 말하자면 **타자에 대해** 존재하는 대상으로서 이해한다면, 검사는 대상이 자신의 개념에 합치하는지의 여부를 우리가 관망하는 데에서 성립한다."(PhG, 77/59, 제12문단)

지를 **개념**으로 간주하고 대상을 본질 혹은 존재자라고 간주하는 것은 유명론적 입장(Nominalismus)이다. 다른 한편으로 **대상의** 자체존재 혹은 **본질** 속에 **개념**이 있다고 생각하고 대상을 대상으로서의 대상, 즉 의식에 대해 존재하는 대상이라고 생각하는 것은 개념실재론의 입장(Begriffrealismus)이다. 여기서 대상으로서의 대상이란 대상(Gegenstand)이라는 것이 본래 그 어원상 의식에 맞서 있는 것이므로 의식에 의해 파악되는 대상이라는 의미이며, 곧 지를 말한다. 이러한 사실은 헤겔이 대상으로서의 대상을 '의식에 대해 존재하는 대상'이라고 표현되는 지와 동격으로 말하고 있다는 점에서 확인된다. 결국 개념이 의식에 있다는 유명론이나 대상 속에 있다는 개념실재론 모두 인식이 타당한지를 검사하는 것은 지와 대상이라는 두 계기를 비교하는 데서 성립한다.

따라서 인식의 실재성의 탐구와 검사에서 본질적으로 중요한 것은 지와 대상, 타자에 대한 존재와 자체존재가 모두 의식 자체에 속하기 때문에 의식 외부로부터 척도를 가져올 필요가 없다는 사실이다. 말하자면 의식 안에 지와 그것의 척도가 모두 존재하고 의식이 스스로 자신의 지를 검사하기 때문에 우리가 의식 외부의 척도를 가지고 지를 평가할 필요가 없다는 것이다. 만약 척도가 의식의 외부에 놓여 있어야 한다면, 우리는 **의식 밖에** 있는 우리의 **개인적인 착상**과 생각을 척도로 삼아 의식의 검사에서 그것을 대상의 내용에 성공적으로 적중시키려고 노력할 것이다. 하지만 척도가 의식 외부에 있다는 생각이 부정된다면, 대상과 분리되고 대상에 낯선 주관적인 착상과 생각은 쓸모없는 것이고 폐기되어야 할 것이다. 개념과 대상, 지와 척도가 모두 의식 속에 있다면 우리는 거기에 어떤 것도 '**부가**(Zutat)' 할 필요 없이 양자가 서로를 비교하고 검사하는 작용을 '**관망**(Zusehen)'하기만 하면 된다. "왜냐하면 의식은 한편으로는 대상에 관한 의식이며, 다른 한편으로는 자기 자신에 관한 의식이기 때문이다."(PhG, 77/59, 제13문단) 의식은 대상의식이기도 하고 자기의식이기도 하다. 말하자면 의식은 한편으로 대상을 인식하는 의식이기도 하며 다른 한편으로 이러한 인식 행위를 반성하는 의식, 즉 대상을 인식한 지를 반성하는 의식이기도 하다. 이 두 가지가 모두 하나의 동일한 의식 속에 있으며 동일한 의식 속에서 비교된다. 따라서 의식의 실재성에 대한 검사는 우리 철학자가 수행하는 검사가 아니라, 의식 자신이 수행하는 **의식의 자기검사**다.

이처럼 헤겔은 지와 대상이 분리된 것이 아니라 의식 안의 두 가지 계기라고 주장함으로써 척도가 의식 외부의 것이 아니라는 사실, 따라서 외부로부터 척도를 의식의 검사에 가지고 들어올 필요가 없다는 사실을 확증한다. 이로써 척도가 의식 외부의 우리에게 속하는 주관적인 것이 아니라는 사실이 확인된다. 그럼에도 불구하고 척도가 **의식 안에** 있는 것이라면 그것은 **의식에 의존적인** 주관적인 것일 수 있다는 의혹을 받을 수 있다.

"대상은 실로 의식에 대해서 그 의식이 대상을 알고 있는 바대로만 존재하는 것처럼 보인다. 말하자면 의식은 의식에 대한 대상이 아닌 대상 그 자체는 발견할 수 없는 것처럼 보인다. 따라서 의식은 자신의 지 또한 대상에서[대상을 척도로 하여] 검사할 수는 없는 것처럼 보인다."(PhG, 78/59, 제13문단)

클라에스게스는 이것을 "자기검사의 아포리아"라고 표현한다. 왜냐하면 그에 따르면 자기검사가 가능하기 위해서는 자체존재가 지에 대해 있을 뿐만 아니라 "모든 지를 벗어나서 지가 아닌 직접적인 방식으로도" 주어져야 하기 때문이다.[36] 이 난문을 해결하기 위해 W. 마르크스는 의식의 자기검사에서 문제가 되는 척도를 대상(Gegenstand)이 아닌 대상성(Gegenständlichkeit)에서 찾는다. 그의 주장은 "의식은 지와 지에 부정적인 대상성이라는 두 계기를 갖는다"는 『정신현상학』 서설(Vorrede)에서의 헤겔의 언급에 기초하고 있다.(PhG, 38/28f.) 하지만 내 생각에 마르크스는 이 표현의 차이에 과도한 의미를 부여하는 것 같다. 대상과 대상성은 같은 의미로 사용되었다고 할 수 있다. 또한 헤겔은 서론에서는 지에 대립하는 의식의 계기를 명백히 '대상'이라고 표현한다.(PhG, 74/59, 77/59 등) 마르크스는 헤겔이 서론에서 대상과 대상성을 구별하지 않고 있다고 하면서도 대상의 논리적 규정을 나타내는 대상성이 지와 대상 모두의 척도가 되어야 한다고 주장한다.[37] 하지만 헤겔은 명백히 대상이 척도가 되어야 한다고 말하지 대상과 지에 대해 제삼자로서의 어떤 척도를 얘기하지는 않는다.

이 난문에 대한 헤겔 자신의 해결책은 매우 간명하다.

"그러나 의식이 대상에 대해 알고 있다는 바로 이 점에서 이미, 의

---

36 U. Claesges, *Darstellung des erscheinenden Wissens: Systematische Einleitung in Hegels Phänomenologie des Geistes*, Bonn 1987, (Hegel-Studien Beiheft 21), 78.

37 W. 마르크스, 『헤겔의 정신현상학—서문과 서론에 나타난 정신현상학의 이념 규정』, 107f. 참조.

식에 있어서 어떤 것은 **자체적인 것**이지만 또 다른 계기는 지, 다시 말해서 의식에 **대한** 대상의 존재라고 하는 구별이 현존한다. 현존하는 이러한 구별 위에 검사가 기초한다."(PhG, 78/60f., 제13문단)

이러한 헤겔의 언급 이면에는 **의식 밖에** 있다는 의미에서 "의식에 대한 대상이 아닌 대상 그 자체"에 대한 인식은 불가능하다는 주장과 **의식 안에** 있으면서도 "**의식에 대해서**" **있지 않은**, 즉 **지가 아닌** 대상이 자체존재로서 척도의 역할을 할 수 있다는 주장이 함축되어 있다. 의식 밖에 있는 대상, 의식에 들어오지 않는 대상은 대상이 될 수 없다. 이 점에서 헤겔은 의식에게 소박실재론의 입장을 부여하는 것을 거부한다. 하지만 헤겔에 따르면 의식 안에 있으면서도 의식에 대해서 있지 않은, 즉 지와 관계 맺고 있지 않은 자체존재가 가능하다. 이것이 가능한 이유는 대상이 의식 안에 있음에도 불구하고 의식은 대상을 **자신의 밖에** 있는 것, **자기와 독립적인** 것으로 간주하기 때문이다. 의식이 갖는 이러한 태도는 **자연적** 의식이라는 의식의 **자연성**에서 기인한다. 의식은 대상과 지의 분리를 근본 구조로 갖는 마음의 형태이며, 대상을 지와 **분리**되어 **독립적**으로 존재하는 것으로 본다. 자연적 의식의 이러한 **실재론적** 태도가 의식의 지와 독립하여 존재하는 **자체존재**로서의 척도를 가능케 하며 이 척도에 지를 맞춰 보는 의식의 검사를 가능케 한다. 이런 방식으로 대상이 의식 안에 있으면서도 의식의 활동인 지로부터 **독립적인 척도**가 될 수 있다.

하지만 의식의 자기검사는 지를 검사할 객관적 척도를 마련하는 문제보다 더 큰 아포리아에 봉착한다. 그것은 척도에 따라 지가 변하면 지에 상응해서 척도도 변한다는 헤겔의 주장이다.

"이와 같은 비교 속에서 양자가 일치하지 않는다면 의식은 자신을 대상에 합치시키기 위해서 자신의 지를 변경해야만 하는 것처럼 보인다. 하지만 지가 변경되는 가운데 의식에 있어서는 사실상 대상 자체 또한 변화된다. 왜냐하면 현존하는 지는 본질적으로 대상에 대한 지였기 때문이다. 지와 함께 대상 또한 다른 대상이 되는데, 왜냐하면 대상은 본질적으로 이 지에 속하는 것이었기 때문이다. 이로써 의식에게는, 이전에 자체적인 것이었던 것이 자체적인 것이 아니라는 사실, 혹은 자체적인 것은 단지 **의식에 대해서만** 자체적인 것이었다는 사실이 발생한다."(PhG, 78/60, 제13문단)

우리는 통상적으로 검사가 가능하려면 어느 하나가 불변하는 척도로 존재해야만 다른 하나를 그것에 맞추어 볼 수 있다고 생각한다. 그런데 지와 척도 모두가 변한다면 양자를 비교해서 불일치를 확인할 수 없다.[38] 헤겔은 지의 변화와 함께 대상도 변화해야 하는 이유를 "대상은 본질적으로 이 지에 속하는 것이었기

---

38 U. Claesges, *Darstellung des erscheinenden Wissens. Systematische Einleitung in Hegels Phänomenologie des Geistes*, 33 참조.

때문"이라고 말한다. 또한 "이전에 자체적인 것이었던 것이 자체적인 것이 아니라는 사실, 혹은 자체적인 것은 단지 **의식에 대해서만** 자체적이었다는 사실이 발생한다"고 한다. 그렇기 때문에 대상 혹은 자체적인 것인 척도 역시 지와 함께 변경되어야 한다는 것이다. 대상이 지에 속하고 자체적인 것이 의식에 대해서만 자체적인 것이라면, 대상은 단지 **관념적**인 것이고 대상의 실재성은 단지 **가상**에 불과한 것이 아닌가? 이 구절들을 그렇게 독해해서는 안 된다. 그것은 이 인용부의 첫 문장인 "양자가 일치하지 않는다면 의식은 자신을 대상에 합치시키기 위해서 자신의 지를 변경해야만" 한다는 주장과 함께 독해해야 한다. 말하자면 이 문장은 지가 대상에 따라야 한다는 **지의 대상 귀속성**을 주장하는 것이다. 이와 함께 대상이 지에 속하고 자체적인 것이 의식에 대해서만 자체적인 것이라는 주장은 **대상의 지 귀속성**을 말하는 것이다. 따라서 헤겔이 주장하고자 하는 것은 지와 대상이 상호 귀속한다는 것이다. 이것은 지와 대상이 일치해야 한다는 진리에 대한 일반적인 주장이 아니다. 지와 대상의 상호 귀속성이 말하는 것은 특정한 의식 속에는 그에 상응하는 특정한 내용의 지와 대상이 들어 있다는 것이다. 거꾸로 말해서 서로 상응하는 특정한 지와 대상이 특정한 형태의 의식을 형성한다는 것이다. 가령 감각적 확신은 '이것'이라는 대상을 '개별자'로 생각하는 의식이며, 지각 의식에서는 '사물'이라는 대상에 '자기동일적 보편자'라는 지가 상응한다. 헤겔은 위의 인용문에서 자신의 대상에만 고착해 있는 자연적 의식의 특징을 서술하는 것이지 지와 대상, 주관과 객관의 일치에 관한 일반적인 언급을 하고 있는 것이 아니다.

그런데 하나의 특정한 의식 형태에서 지와 대상이 상호 귀속하여 함께 변한다고 한다면 양자가 불일치한다는 것이 애초에 불가능하며 불일치에 대한 검사 자체가 불가능할 것 같다. 이 문제를 해결하기 위해 지각 의식의 경험을 살펴보자. 지각 의식은 사물을 대상으로 하는 의식이며, 사물을 지각(wahrnehmen)하는 것이 진리라고 주장한다. **지각** 의식은 자신에 고유한 **사물**이라는 대상에 대해 **자기동일적 보편성**이라는 지를 갖는다. 하지만 의식의 검사를 통해 대상의 내용은 자기동일성이 아니라 **관계**임이 밝혀진다. 그와 함께 사물이 자기동일적이라고 생각했던 지각 의식의 지는 부정된다.[39] 이제 지는 자기동일성이 아니라 관계를 내용으로 갖는다. 하지만 변화된 지, 즉 관계는 더 이상 지각 의식의 지가 아니라 **오성** 의식의 지다. 또한 지가 오성 의식의 지로 변화됨에 따라 지에 상응하는 **대상**도 변화되어야 한다. 왜냐하면 **관계**를 내용으로 갖는 **법칙**은 지각 의식의 대상이 아니라 오성 의식에 속하는 대상이기 때문이다.

---

[39] 여기서 지각 의식의 지가 대상에서 인식하는 내용은 자기동일성, 관계성과 같은 **논리적인** 사태다. 하지만 자연적 의식의 지는 그것을 논리적인 규정으로서 인식하지는 못한다. 지각 의식은 자기동일성을 회고, 짜고, 딱딱하고, 각진 성질들을 하나로 묶어 주는 **사물의 통일성**으로 지각한다. 관계라는 것도 메타적 차원에서 논리적으로 인식되는 것이 아니라, 회고, 짜고, 딱딱하고 각진 속성들의 통일체인 소금이 소금으로서 인식되기 위해서는 회고, 달고, 딱딱하고 각진 설탕과 **구별**되는 가운데 가능하다는 모순적 사실로서 경험되는 것이다.

위의 인용문은 자신의 대상에만 고착해 있는 **자연적 의식**이라는 특별한 경우에 있어서의 지와 대상의 상호 귀속성을 주장하는 것이다. 우리는 이와 더불어 지와 대상이 변경됨으로써 수행되는 하나의 의식 형태에서 다른 의식 형태로의 이행이 보여 주는 독특한 성격도 자연적 의식의 입장에서 이해해야 한다. 자연적 의식은 단적으로 자신의 대상에 묶여 있기 때문에, 그것의 지의 변경과 더불어 이루어지는 이행은 연속적인 것이 아니다. 우리는 절대지에 도달하기 전에는 이 이행을 하나의 통일된 의식의 진행으로 보아서는 안 된다. 오히려 우리는 자연적 의식들을 자신만이 진리를 파악할 수 있다고 단적으로 주장하는 불가통약적(不可通約的, inkommensurabel)인 인식 모델들로 이해해야 한다. 또한 이행은 이러한 인식 모델들을 병렬해 놓은 철학자의 차원에서만 일어나는 것이지, 하나의 의식이 다른 의식으로, 하나의 인식 모델이 다른 인식 모델로 이행하는 것으로 이해되어선 안 된다. 지각 의식은 자신의 대상을 자기동일적인 보편성이라고 생각하고 그것을 그대로 수용하는 것(wahrnehmen)이 진리라고 생각하는 인식 모델이다. 이러한 인식 모델은 경험론에 상응하는 것이다. 경험론은 사물을 자신의 고유한 대상으로 삼고 그것을 지각하는 것이 참된 인식의 방법이라고 **절대적으로** 주장하는 이론이다. 따라서 인식의 대상이 사물과 같이 '자기동일적 보편성'을 논리 규정으로 갖는 것이 아님이 밝혀진다면, 그 대상은 더 이상 경험론의 대상이 아니게 된다. 또한 반성적으로 숙고한 결과 만약 진리가 자기동일적 사물을 그대로 받아들이는 방식으로 얻어질 수 없다는 것이 판명된다면, 경험론은 진리 인식을 위해 타당하지 않은 이론이므로 폐기되어야 한다. 대상의 성격이 달라지면 그것을 파악할 새로운 인식 모델이 필요하게 된다. 관계라는 논리적 성격을 지닌 새로운 대상인 법칙은 오성 의식이 대변하는 새로운 인식 모델인 자연과학적 인식에 의해 파악되어야 한다.

위의 까다로운 인용문들을 지각 의식과 오성 의식의 경우에 적용하여 다시 한 번 해석해 보자. ① 검사에서 지와 대상이 일치하지 않을 경우, 의식이 "대상에 합치시키기 위해 자신의 지를 변경"한다면, 그와 더불어 "대상 자체 또한 변한다". ② "왜냐하면 현존하는 지는 본질적으로 대상에 대한 지였기 때문이다." ③ "지와 함께 대상 또한 다른 대상이 되는데, 왜냐하면 대상은 본질적으로 이 지에 속하는 것이었기 때문이다." 문장 ③은 문장 ①과 ②를 합쳐 놓은 것이다. 다만 문장 ②에서 지의 대상 귀속성을 말하고 있는 반면에 문장 ③에서는 그것을 대상의 지 귀속성으로 바꿔 말하고 있을 뿐이다. 하지만 자연적 의식에서 지와 대상이 상호 귀속한다는 점에서 두 문장은 같은 내용을 말하고 있다. 따라서 문장 ①과 ② 혹은 문장 ③이 말하는 것은 지각 의식과 오성 의식의 예를 빌려 해석하면 다음과 같은 내용이 된다. ① 지각 의식이 파악한 대상의 본질이 자기동일성이 아니라면, 지각 의식은 자신의 지를 관계로 변경한다. 하지만 그와 더불어 지각 의식의 대상인 사물이 더 이상 인식의 목표인 진리가 아니라 오성 의식의 대상인 법칙이 진리라고 생각된다. ② 자기동일성이라는 지는 본래 사물이라는 지각 의식의 대상에 상응하는 지였다. 자기동일성은 사물에만 상응하기 때문에, 지가 더 이상 자기동일성을 대변하지 않으면 지의 대상도 사물일 수 없다. 지가 관계일 때 대상이 사물이라면 거기에는 부조화가 지배하기 때문이다. ③ 자기동일성이라는 지가 관계라는 지로 변경됨으로써 사물이라는 대상 또한 법칙이라는 다른 대상에게 자리를 내주어야 한다. 왜냐하면 사물이라는 대상은 본래 지각 의식의 지에 속하는 것으로서, 오성 의식에 속하는 관계라는 변경된 지에는 상응하지 않는 대상이기 때문이다.

④ "이로써 의식에게는, 이전에 자체적인 것이었던 것이 자체적인 것이 아니라는 사실, 혹은 자체적인 것은 단지 **의식에 대해서만** 자체적인 것이었다는 사실이 발생한다." 문장 ④는 앞서 말했듯이 자체적인 것의 가상성을 폭로하고 그것의 의식 의존성을 말하는 것이 아니라, 앞의 문장 ①, ②, ③에서 말한 지와 대상의 상호 귀속성을 결론적으로 확정하고 있다. 자연적 의식은 자신의 대상에만 고착해서, 자신의 고유한 대상을 파악하는 자신의 지가 진리라고 절대적으로 주장한다. 하지만 검사 결과 지각 의식의 대상이 진리가 아니라고 부정된다는 것은 그것이 절대적인 진리가 아니라 지각 의식에게만 절대적이었다는 것을 말한다. 자기동일자로서의 사물은 본래 지각 의식에 상응하는 것으로서 언제나 지각 의식에게는 자체적인 것으로서 진리다. 하지만 지각 의식이 오성 의식으로 이행한 후에 돌이켜 보면, "이전에" 지각 의식에게 "자체적이었"다고 생각되는 대상은 그 자

체로 "자체적인 것이 아니라" 지각 **"의식에 대해서만** 자체적이었다는 사실"이 밝혀진다. 마찬가지로 오성 의식에게 고유한 대상인 법칙은 오성 의식에게만 자체적인 것이다. 법칙은 오성 의식이 부정되어 자기의식으로 이행하면 더 이상 자체적인 것이 아니게 된다. 이같이 자신의 대상에 고착해 있는 자연적 의식들은 각기 자신의 대상이 절대적으로 진리인 자체존재라고 확신한다. 하지만 그것은 각각의 자연적 의식에게만 자체적일 뿐이다.

"따라서 의식이 자신의 대상에서 자신의 지가 이 대상과 합치되지 않음을 발견하면서, 대상 자체 또한 견딜 수 없게 된다. 다시 말해서 대상을 척도로 삼아야 하는 것이 검사에서 불합격하면 검사의 척도가 변화하는 것이다. 그리고 검사는 지에 대한 검사일 뿐만 아니라 검사의 척도에 대한 검사이기도 하다."(PhG, 78/60, 제13문단)

"대상을 척도로 삼아야 하는" 지가 "검사에서 불합격하면 검사의 척도"도 변화되어야 한다는 말은 일견 이상하게 들릴 수 있다. 왜냐하면 검사란 척도에 검사되어야 할 지를 맞추어 보는 행위로 생각될 수 있으므로, 지가 척도에 불일치하면 척도가 아닌 지가 변화되어야 하기 때문이다. 하지만 이 인용문은 앞에서 말한 지와 대상의 상호 귀속성 이상을 말하는 것이 아니다. 여기서는 다만 **대상**이라는 용어 대신에 **척도**라는 동의어를 사용하고 있을 뿐이다. 이 인용문의 첫 문장이 말하는 대상에 대한 지의 불일치와 더불어 대상 또한 변경되어야 한다는 것은 앞서 말한 지와 대상의 상호 귀속성에서 말미암은 것이다. 지와 대상의 상호 귀속성 때문에 지가 검사에 불합격하면 그에 상응하는 대상도 폐기되어야 한다. 그런데 대상이란 지가 자체존재라고 생각하는 척도다. 따라서 지와 대상이 상호 귀속하는 자연적 의식의 본성상 지가 변하면 대상 내지 척도도 변해야 한다. 말하자면 "대상을 척도로 삼아야 하는" 지가 "검사에서 불합격"해서 변경되면 "검사의 척도"인 대상도 "변화하는 것이다". 이런 의미에서 "검사는 지에 대한 검사일 뿐만 아니라 검사의 척도에 대한 검사이기도 하다".

의식의 검사는 지가 자신에 고유한 대상에만 고착해 있는 방식으로 지와 대상이 **상호 귀속**하는 자연적 의식의 본성에 기초한다. 자연적 의식의 이러한 본성 때문에 의식의 실재성에 대한 검사는 의식의 계기인 지와 대상을 모두 검사하고 부정함으로써 그 의식을 부정하고 다른의식으로 이행하는 방식으로 수행되는 것이다. 우리는 이와 같이 의식의 검사가 의식의 두 계기에 대한 **이중적 검사**라는 사실을 감각적 확신의 서술을 분석해 봄으로써 확증할 수 있다. 감각적 확신의 서술은 우선 감각적 확신의 대상이 개별적인 것이 아니라 보편적이라는 사실을 반성한 후(PhG, 84/64, 제6문단-86/65, 제10문단),[40] "감각적 확신이 대상으로부터 쫓겨나서 … 자아로 몰려난다"(PhG, 86/66, 제11문

---

40 이하 세 인용에서의 문단 표시는 '감각적 확신' 장의 문단을 지시한다.

단)라고 말한다. 말하자면 대상이 부정되었기 때문에 이제 지의 주체인 자아를 검사해 보자는 것이다. 이제 지의 측면에서의 검사도 "자아 혹은 이 자(Ich, dieser)"가 개별적인 것이 아닌 "보편적인 것으로서의 자아(Ich, als Allgemeines)"임이 밝혀진다.(PhG, 86/66, 제11문단-87/66, 제13문단) 이렇게 대상과 지 각각의 관점에서 검사를 수행하고 난 후에, 대상과 지라는 두 계기를 포함하는 감각적 확신 전체에 대한 검사가 수행된다.(PhG, 87/66f., 제14문단-90/68, 제19문단) 헤겔은 이미 서론에서 검사를 "의식이 그 자신에게 즉, 그의 지에 대해서뿐만 아니라 그의 대상에 대해서도 행하는 변증법적 운동"(PhG, 78/60, 제14문단)이라고 규정함으로써 이러한 방식의 서술을 기획하고 있다. 우리는 앞의 두 독립 인용부에서 서술된 의식의 검사를 다음과 같이 이해해서는 안 된다. 즉 그것을 대상이 "자체적이었다"는 **가상성**을 폭로하고 단지 "의식에 대해서만 자체적이었다"는 대상의 **관념성**을 제시하는 작업이라고 이해해서는 안 된다. 그러한 이해에 따르면 의식의 검사란 대상을 검사해서 그것의 **지 의존성**과 **지의 진리성**을 드러내는 작업이다. 하지만 두 인용부에서 헤겔이 말하고자 하는 것은 그런 것이 아니다. 그것은 의식의 검사란 서로 공속하는 지와 대상을 차례로 검사해서 양자 모두, 따라서 양자를 계기로 하는 하나의 **의식 형태**가 실재적이지 않다는 사실을 증명하는 것이라는 것이다.

지와 척도 모두가 변한다면 양자를 비교해서 불일치를 확인할 수 없다는 의식의 자기검사가 직면했던 아포리아는 이와 같은 방식으로 해소될 수 있다. 클라에스게스는 의식의 자기검사가 부딪히는 또 다른 난문, 즉 "척도로서 작용하는 자체적인 것은 항상 그것이 속하는 지 안에서만 주어질 수 있기 때문에"[41] "지와 대상의 불일치가 확인"[42]될 수 없으며, 따라서 "의식의 자기검사가 수행"[43]될 수 없을 것 같다는 문제를 제기한다. 그의 주장대로 지와 대상의 **상호 귀속성** 때문에 양자의 **불일치란 불가능**할 것같이 보인다. 가령 지각이란 자기동일적 사물을 그대로 받아들이는 것이 진리라고 주장하는 의식이라고 정의된다. 그것의 정의에 따라서 볼 때, 혹은 그것의 본성상 지각 의식의 지는 자기동일적 사물에 상응한다. 이런 관점에서 대상 혹은 척도로서의 자기동일적 사물은 **항상** 지각의 지와 **일치**하며, 따라서 여기서 불일치는 확인되지 않는다. 지각 의식은 아무런 적극적인 인식 활동도 기울이지 않고도 자신의 대상을 사물로서 안다. 왜냐하면 지각 의식이란 본래 그런 것이기 때문이다. 지각의 이런 상태는 아직 **검사**라는 **비판적 반성**이 수행되기 이전 상태이므로 **선반성적** 상태라고 할 수 있다. 지각 의식은 선반성적으로 사물이라는 대상에 대한 지를 가지고 있다. 하지만 지각 의식은 자연적 의식이라는 자신의 **본성상** 이러한 선반성적 상태에만 머물러 있을 수 없다. 자연적 의식은 인식이 대상으로부터 분리되

---

41 U. Claesges, *Darstellung des erscheinenden Wissens. Systematische Einleitung in Hegels Phänomenologie des Geistes*, 78.
42 같은 책 83.
43 같은 책 78.

어 있다고 생각하는 본성에 지배된다. 그렇기 때문에 그것은 대상을 "실재적인 것(Reelles)"(PhG, 69/54, 제2문단)이라고 생각한다. 하지만 자연적 의식이 취하는 이러한 실재론적 태도 때문에, 자연적 의식은 자신의 인식이 대상에 적중하지 않을까 봐 걱정하고, "진리의 하늘 대신 오류의 구름을 붙잡게 될까 봐 걱정"한다.(PhG, 68/53, 제1문단) 이러한 걱정 때문에 의식은 대상에 대한 자신의 지가 참된 것인지를 검사해 본다. 검사는 의식이 선반성적으로 가지고 있던 지에 대해 반성해 보는 것이다. 자연적 의식은 선반성적으로 가지고 있던 **지**를 검사에서 비교되는 대상, 즉 반성된 **대상**의 내용과 비교한다. 비교는 의식의 두 계기인 지와 대상 사이에서 일어난다. 이때 비교의 척도가 되는 것은 대상이다. 양자를 비교하는 제3의 척도는 필요하지 않다. 그런데 『정신현상학』에서 서술하는 의식의 자기검사에서 반성된 대상은 항상 반성 이전의 대상과는 반대되는 내용으로 전도된다. 가령 감각적 확신의 대상인 '이것'은 개별자라고 생각되었으나 보편자임이 밝혀지고, 지각의 대상인 사물은 자기동일적이라고 생각되었으나 모순이라는 관계임이 밝혀진다. 이같이 자연적 의식의 자기검사는 자신의 선반성적인 지를 그것의 대상과 비교해 보지만, 비교하는 반성을 통해 지와 대상은 항상 **불일치**하게 된다. 지와 대상이 선반성적인 차원에서 일치함으로써, 그러한 지와 대상을 계기로 갖는 한 특정한 의식의 규정이 형성된다. 하지만 비판적 반성을 통해 지와 대상의 관계는 항상 **비대칭적인** 관계로 되고 이를 통해 의식의 경험은 한 의식 형태에서 다른 의식 형태로 이행한다. 이같이 의식의 자기검사는 의식의 두 계기인 지와 대상의 비교를 통해 일어나면서도 비교는 양자의 **불일치**로 귀결됨으로써 한 의식에서 다른 의식으로 **이행**이 일어나는 방식으로 진행된다.

2 | 의식의 경험과 우리의 부가

선반성적 차원에서 일치하였던 지와 대상이 반성적 검사에서 불일치함이 드러나고, 의식의 경험은 한 의식에서 다른 의식 형태로 이행한다. 이것은 일차적으로 지의 변경이다. 하지만 지란 '대상이 의식에 대해 있음'이기 때문에, 지가 변경된다는 것은 그 안에 있는 대상이 변경된다는 것이다. 헤겔은 이제 대상의 차원에서 의식의 경험을 고찰한다.

"의식이 그 자신에게 즉, 그의 지에 대해서뿐만 아니라 그의 대상에 대해서도 행하는 ─**그런 한에서 의식에게 새로운 참된 대상이 발생하는**─ 이러한 **변증법적** 운동은 본래 **경험**이라 불리는 것이다. 이와 관련하여 방금 위에서 언급한 과정에서 하나의 계기를 좀 더 자세하게 부가시켜 볼 수 있는데, 이 계기를 통해 다음에서 서술되는 것의 학문적인 측면에 대한 새로운 빛이 발하여질 수 있을 것이다. 의식은 **어떤 것**을 인식하며, 이 대상은 본질 혹은 **자체적**

인 것이다. 하지만 이 대상은 또한 의식에 대해서도 **자체적인 것**이
다. 이와 함께 이 참인 것(das Wahre)의 이중성이 나타난다. 우리
는 의식이 이제 두 가지 대상을 갖는다는 것을 본다. 하나는 일차
적인 **자체적인 것**이며, 다른 하나는 **이 자체적인 것의 의식에 대한 존
재**다."(PhG, 78f./60, 제14문단)

의식의 경험을 통해서 지와 대상은 그 반대의 내용으로 전복된
다. 이러한 전복은 변증법적인 것이다. 변증법이란 어떤 규정이
고정된 것이 아니라 그것의 반대로 전화될 수밖에 없다는 것을
보여 주는 논리다. 하나의 대상이 전복되어 다른 대상으로 이행
하는 의식의 경험은 논리적 필연성에 따른 대상들의 계열을 구
성한다. 대상은 곧 지의 내용이며 **논리 규정**이 실체화된 것으로
서 "참인 것(das Wahre)"이기 때문에, 대상들의 계열에 대한 고찰
은 의식의 경험을 **학문적 측면**에 초점을 맞추어 다루는 것이다.
의식의 경험을 새로운 대상의 출현이라는 점에서 고찰하기 위
해 헤겔은 대상이 갖는 두 측면을 분석하여 고찰한다. 의식이
파악하는 대상은 의식의 두 측면인 지와 대상을 반영한다. 우선
대상의 측면에 상응해서, 의식이 **선반성적**으로 전제하는 대상은
일차적인 대상이다. 다른 한편으로 의식의 측면에 상응해서, 의
식이 파악한 대상이 있다.

"후자는 우선 의식의 자기 자체 내로의 반성(Reflexion des Bewußtseins
in sich selbst)일 뿐인 것으로 보인다. 즉 대상에 대한 표상작용

이 아니라 저 일차적인 자체적인 것에 대한 의식의 지를 표상하는 작용일 뿐인 것으로 보인다. 그러나 앞에서 제시되었던 것처럼 의식 속에서 이러한 의식의 자기 내로의 반성과 더불어 [일차적 자체적인 것에 대한 지가 표상되면서] 최초의 대상은 변화한다. 대상은 자체적인 것이기를 그치고 의식에게서 단지 **의식에 대해서 자체적인 것**으로 된다. 하지만 그럼으로써 이제 이것, 즉 이 자체적인 것의 **의식에 대한 존재**는 참인 것(das Wahre)이다. 다시 말하면 이것은 **본질** 혹은 의식의 **대상**인 것이다. 이러한 새로운 대상은 최초의 대상의 무실성(die Nichtigkeit)을 포함하고 있으며 이 새로운 대상은 최초의 대상에 대해 만들어진 경험이다."(PhG, 79/60, 제14문단)

의식이 파악한 대상은 의식의 반성이라는 단순히 인식적인 의미만을 갖는 것으로 보인다. 그러나 앞 절에서 제시되었던 것처럼 의식의 반성, 인식과 더불어 지식이 변할 뿐만 아니라 선반성적으로 전제되었던 일차적 대상(제1대상)도 변화한다. 이 변화는 우선 형식적으로 볼 때, 대상이 '자체존재'로서 생각되던 것이 '의식에 대해서 자체적인 존재'로 인식됨을 말한다. 다시 말해서 인식을 통해 대상이 지로 되는 것을 말한다. 인식이란 '자체존재'인 대상이 '의식에 대해 있는 대상'으로 **형태 변환**되는 것에 다름 아니다.

인식을 통해 '자체존재'로부터 형태 변환된 '의식에 대해 있는 대상'은 일차적으로 **지**다. 그런데 헤겔은 이것을 **참인 것**, 본질,

대상이라고 명명한다. 이 대상은 **두 번째 대상**이다. 이것을 이해하기 위해 지각의 경우를 살펴보자. 지각은 자기동일적 보편성을 본질로 하는 사물을 대상으로서 선반성적으로 전제하지만, 경험을 통해 대상이 자기동일적인 것이 아니라 관계임을 안다. 제1대상인 사물은 인식을 통해 **지**가 된다. 하지만 이 지는 애초에 선반성적으로 생각했던 것과는 다른 **새로운 내용**을 갖는다. 이 지 속에 '자체존재'였던 대상(제1대상)이 의식에 의해 파악되어 '의식에 대해 존재하는 대상'으로 변환되어 들어 있다. 이 변환은 단순한 **형태 변환**이 아니라 동시에 **수정**이다. 지각의 인식 내지 검사의 **결과**, 즉 대상의 변환을 통해 **수정된 지**인 '관계'는 **새로운** 의식인 오성의 **대상**으로 등장하는 법칙의 논리 규정이다. 이와 같이 하나의 의식 형태의 인식 행위, 그리고 그에 따른 지의 변화와 함께 **새로운 대상**이 등장한다. 그것은 이전 의식 형태의 인식 내지 검사에 의해 수정된 **지**로부터 유래하는 것이다. 따라서 이전의 의식 형태의 의식의 경험을 통한 **지의 수정**은 곧 다음 단계의 **새로운 대상의 발생**이다. 제2대상은 제1대상의 부정을 통해 등장하는 것이기 때문에 제1대상의 부정이다. 하지만 동시에 제2대상은 제1대상에 대한 인식과 그로부터 말미암는 지의 반전을 통해 만들어진 경험이다. 헤겔은 이 과정을 다시 한 번 명료한 형태로 표현한다.

"맨 처음 대상으로서 나타났던 것이 의식에서 그 대상에 대한 지로 격하되고 **자체존재는 이 자체존재의 의식에 대한 존재로** 되면서

이 후자가 새로운 대상이 된다는 것이며, 이와 함께 새로운 형태의 의식이 나타나는데 이 형태에서는 선행하는 것에서와는 다른 것이 본질이 된다."(PhG, 80/61, 제15문단)

최초의 대상이 지로 되는 것, "자체존재가 이 자체존재의 의식에 대한 존재로 되는 것"은 인식이다. 하지만 헤겔에게 의식의 경험으로서 수행되는 인식은 검사다. 검사란 지와 대상의 상응관계를 확인하는 것인데, 여기서 비교되는 것은 '일차적인 자체적인 것'과 '이 자체적인 것의 의식에 대한 존재'가 아니라, **'일차적인 자체적인 것'**과 그것에 대한 **선반성적인 지**다. '일차적인 자체적인 것'과 선반성적인 지의 일치 여부가 **비판적**으로 **반성**되면서 '일차적인 자체적인 것'은 '이 자체적인 것의 의식에 대한 존재'로 되는 것이다. 따라서 '자체적인 것의 의식에 대한 존재'가 선반성적인 지의 타당성을 측정하는 척도로서 간주되어서는 안된다. 그것은 **지**이기 때문에 헤겔의 정의상 **대상**에게만 허락되는 **척도**의 역할을 할 수 없다. **'자체적인 것의 의식에 대한 존재'**는 '일차적인 자체적인 것'이 변증법적 전도를 통해 도달한 **새로운 지**다. 가령 감각적 확신에서 '일차적인 자체적인 것'인 '이것'에 대한 선반성적인 지, 즉 **개별자**라는 **지**를 검사하기 위해 그것을 '이것'이라는 **대상**과 비교한다. '이것'이라는 대상은 비판적 반성에 의해 보편자임이 드러난다. **보편자**는 대상의 변증법적 전도에 의해 **수정된 지**이지, 선반성적인 지가 비교될 **척도는 아니다**. 말하자면 선반성적인 지인 개별자가 보편자라는 척도와 다르고 그것에 못 미치기 때문에 보편자로 전도되는 것은 아니다.

"최초의 대상"은 새로운 지로 변화되며, "대상은 자체적인 것이기를 그치고 의식에게서 단지 의식에 대해서 자체적인 것으로 된다". 헤겔은 이 과정을 최초의 대상이 "그 대상에 대한 지로 격하된다(herabsinkt)"고 표현하기도 한다.(PhG, 80/61, 제15문단) 대상이 지로 변환되는 인식 과정을 "격하된다" 혹은 "침몰한다"고 표현하는 것은 독자로 하여금 대상이 지에 의해 파악되는 것이 대상의 실재성을 상실하는 것이라고 생각하게 할 수도 있다. 이렇게 볼 때 이 과정은 대상의 실재성이 지에 의해 부정되고 지가 대상의 참된 내용이라는 대상에 대한 지의 우위를 말해 주는 것처럼 보인다. 하지만 여기서 격하된다는 것은 최초 대상의 실재성이 부정되어 지의 관념성으로 전환된다는 의미뿐만 아니라 최초 대상의 내용이 새로운 지로 수정된다는 의미를 포함한다. 말하자면 최초 대상의 내용이 타당성을 상실하게 된다는 의미에서 격하되어 새로운 지로 된다는 것이다. 인식의 결과로서 수정된 새로운 지와 더불어 새로이 타당성을 획득한 대상이 등장한다.

이와 같이 대상이 새로운 지로 변환되는 의식의 경험의 매 단계에서 지가 그에 적합한 대상과 새롭게 통일되는 진리에 도달한다. 이로써 의식의 경험은 원리적으로 경험의 매 단계에서 진리를 성취한다. 하지만 이러한 사실을 철학자는 알지만, 의식 자신은 깨닫지 못한다. 의식은 사실상 지와 대상의 일치라는 진리의 본성을 경험하면서도 이 진리의 본성을 인식하지 못하기 때문에 그것을 "망각한다". 그렇기 때문에 이미 도달한 새로운 지 안에 있는 대상을 다음 단계의 새로운 의식에서 지와 분리시켜 대상으로 맞세운다. 우리는 이러한 사실을 의식의 경험의 매 단계가 시작되거나 종료되는 부분에서 서술되는 메타 텍스트에서 확인할 수 있다. 모든 장에서 분명하게 드러나는 것은 아니지만 헤겔은 의식의 경험에 대한 서술을 시작하기 전과 종료한 후에 의식의 경험에 대한 우리의 관점(für uns), 즉 철학자의 관점에서 의식의 경험에 대한 논평을 기술한다. 헤겔은 '감각적 확신'의 경험에 대한 서술을 종료한 후에, 자연적 의식이 자신의 진리에 대한 경험을 하지만 "그것을 항상 거듭하여 **망각하고** 운동을 **처음부터 다시 시작한다**"고 메타 텍스트를 기술한다.(PhG, 90/69, 강조는 나의 것) 오성 장의 시작부는 "처음부터 다시 시작한다"는 말이 무엇을 의미하는지를 구체적으로 보여 준다. "의식의 운동에 의해 생성된 대상은 우리에게(für uns) … **의식과 대상**이라는 두 측면에 대한 반성이 같은 것 혹은 **하나인 것**이라는 사실을 말해 준다. 하지만 … 의식에게(für es) 이러한 결과는 대상적 의미로 정립되고 의식은 이러한 **생성된 것으로부터 물러남으로써** 그에게 생성된 것은 **대상적인 것**으로서 본질이 된다."(PhG 108/82, 강조는 나의 것)

의식이 진리 경험을 망각하고 매번 처음부터 새로이 시작한다는 것은 자신이 가지고 있던 지의 내용을 대상화해야 하는 의식의 **본성**에서 기인한다. 자연적 의식은 항상 대상과 자신의 **분리**를 전제하는 의식이다. 그렇기 때문에 그것은 의식과 대상이 하나라는 인식 결과를 "대상적 의미로 정립하는" 대상화작용을 되풀이할 수밖에 없다. 진리의 지평에서 볼 때(in Wahrheit) 사실상 대상은 의식이 정립한 대상이며 **의식의** 대상이다. 따라서 의식의 대상 정립작용은 대상의 관념성과 지 예속성을 말해 주는 것이라고 이해할 수 있다. 하지만 의식은 경험의 과정 한가운데서는 아직 **자연성**을 벗어나지 못하고 있기 때문에 이러한 진리의 지평에 도달하지 못하고 있다. 의식은 아직 자신의 행위의 본질을 통찰하지 못한다. 이런 점을 감안하여 의식의 경험을 따라가는 독자는 경험 과정에서 의식의 행위를 통해 산출되는 의식에 고유한 효과들을 간과해서는 안 된다. 그러기 위해 독자는 의식의 대상 정립작용을 단지 대상의 **관념성**이 폭로되는 것으로만 이해해서는 안 된다. 오히려 그것은 의식이 경험을 계속 수행하기 위해 대상의 **실재성**을 정립하는 행위다. 대상의 정립은 엄밀한 의미에서 이미 새로운 지의 출현과 더불어 시작된다. 의식은 새로운 지 혹은 새로운 지 속에서 표상되는 관념적 내용을 ―이것과 대상이 공유하는 논리 규정을 매개로― 자신의 대상으로서 자신에 대립시킨다. 물론 이러한 대상 정립작용은 새로운 의식 형태 속에서 이루어진다. 대상 정립작용을 통해 의식이 자신의 지를 검사할 척도가 형성된다. 따라서 이러한 의식의 작용은 **대상을 관념성**으로 만들기보다는 **지**를 실재하는 **대상으**로 만드는 **실재론적 구별** 행위다.[44]

44 뢰트게스에 따르면 의식의 경험은 세 가지 방법적 계기를 갖는다. 첫째, "의식의 대

"대상은 자체적인 것이기를 그치고 의식에게서 단지 의식에 대해서 자체적인 것으로 된다"는 것, '**자체존재**'가 '**이 자체존재의 의식에 대한 존재**'로 된다는 것은 인식이다. 하지만 헤겔은 '이 자체존재의 의식에 대한 존재'가 **대상**으로 된다고 하면서, '자체존재의 의식에 대한 존재'를 **대상**과 일치시킨다. 이로써 헤겔은 최초의 대상이 새로운 지로 되는 것을 대상의 지로의 변환이라는 인식적 측면보다는 **새로운 지**와 더불어 **새로운 대상**이 생성된다는 사실에 중점을 두어서 언급하고 있다. '자체적인 것의 의식에 대한 존재'는 본래 지에 대한 규정으로서 사용되었던 표현이다. 하지만 앞에서 인용한 텍스트에서(PhG, 78f./60, 제14문단) '참인 것', 즉 대상의 두 측면을 '일차적인 자체존재'와 '자체적인 것의 의식에 대한 존재'라고 표현하였다. 실로 '자체적인 것의 의식에 대한 존재'라고 표현되는 것은 새로운 **지**를 가리키지 그 자

상은 자체적이며, 의식에 대한 관계에 무관심하다는 의식에 고유한 확실성"을 보여 주는 의식의 표상이라는 실재론적 측면, 둘째, "대상이 정립된 존재라는 통찰, 즉 그것이 자체적인 것이 아니라 의식을 위한 존재라는 통찰"(H. Röttges, *Der Begriff der Methode in der Philosophie Hegels*, Königstein/Ts., 1981, 107쪽) 혹은 "자체적인 것으로서의 대상이 의식을 위한 자체적인 것으로 이행"(같은 책, 109쪽)한다는 관념론적 측면, 셋째, "대상이 정립된 존재라는 통찰을 실체화함", 즉 "새로운 대상"의 출현이 그것이다.(같은 책, 107쪽) 뢰트게스는 한 의식 내에서 지와 대상의 매개 방식을 분석하여 의식의 경험의 내재적 구조를 보여 준다. 하지만 이러한 내재적 구조분석은 검사를 통한 변증법적 전도를 보여 주지 못하고, 실재적인 대상에 대한 관념론적인 지양만을 부각함으로써, 의식의 경험을 의식의 실재론적 측면이 가상으로서 지양되는 과정으로만 이해할 수 있다. 이러한 과정에서 두 번째의 관념론적 측면은 대상의 실재성이라는 가상을 지양하는 진상의 측면으로 이해될 수 있는데, 그렇다면 지양된 대상이 어떻게 다시 새로운 대상으로서 다음 단계에서 그것의 실재성을 회복하고 등장할 수 있는지가 설명될 수 없다. 뢰트게스가 말하는 세 번째 측면은 첫 번째와 두 번째 측면을 종합하는 다분히 작위적인 느낌을 준다.

체 대상은 아니다. 하지만 그것은 '자체적인 것의 의식에 대한 존재'로서 자신 안에 새로운 논리 규정을 지닌 **자체적인 것**, 즉 **대상**을 함축하고 있다. 이 새로운 지가 함축하는 논리 규정은 의식의 자연성에 의해 다음 단계에서 실재적인 대상으로 정립된다. 따라서 **첫 번째 대상**이 **새로운 지**로 된다는 것의 진정한 의미는 새로운 지와 함께 **새로운 대상**이 정립됨으로써 다음 단계의 의식 형태로의 **이행**이 이루어진다는 것이다. 새로운 지의 출현은 결국 한 **대상**에서 다른 **대상**으로의 이행을 의미하는 것에 다름 아니다.

"이러한 경험 과정의 서술에는 이러한 경험을 일반적으로 경험이라 이해되어 온 것과 일치하지 않는 것처럼 보이게 하는 한 계기가 있다. 왜냐하면 최초의 대상과 그 대상에 대한 지로부터 다른 대상으로의 이행이 일어나며 **이 대상에서**[대상에 직면하여] 경험이 형성되었다고 말해지는데, 이러한 이행에 대해 언급되었던 내용은, 최초의 대상에 대한 지, 다시 말하면 최초의 자체적인 것의 의식에 **대한** 존재(Für-das-Bewußtsein des ersten Ansich)가 두 번째 대상 자체가 되어야만 한다는 것이었기 때문이다. 이와 반대로 보통 우리는 우연적이고 외면적인 것으로 생각되는 **어떤 다른 대상**에서 우리의 최초의 개념의 비 진리를 경험함으로써 일반적으로 그 자체 독자적으로 있는 것(was an und für sich ist)의 순수한 **파악**만이 우리에게 귀속되는 것처럼 보인다. 하지만 전자의 견해에서 새로운 대상은 **의식** 자체의 **전복**에 의해 생성된 것으로 나타난

다."(PhG, 79/60f., 제15문단)

『정신현상학』에서 서술하는 경험은 통상적인 경험과는 다르다. 제1대상에 대한 인식은 그것의 선반성적으로 전제된 지와는 반대되는 내용을 갖게 되며 이 내용이 제2대상이 된다. 제2대상에 직면하여 경험이 일어난다. 간단히 말하면 경험의 내용은 제1대상에 대한 **지**가 **제2대상**이 된다는 것이다. 이와 반대로 통상적인 경험에서는 최초의 생각, 즉 제1대상의 내용은 그것에 우연적이고 **외면적인** 어떤 다른 **대상**에 직면하여 비진리로서 밝혀진다. 가령 다리 건너에 있는 멋진 집이 카페라고 생각하여 다리를 건너가 차 한 잔을 마시려고 했는데, 막상 건너가 보니 카페가 아니라 은행임이 밝혀졌을 때, 최초로 생각했던 카페는 그것과 아무 연관이 없는 예기치 않은 은행이라는 인식 결과에 의해 부정된다. 여기서 제2대상인 은행은 제1대상인 카페에 대한 **추상적인 부정**이다. 본래 은행인 건물에 대해 시도되는 모든 잘못된 인식들, 즉 카페, 어린이집 등등은 은행과는 전혀 관계없는 외적인 것들이다. 그렇기 때문에 잘못된 인식들은 단적으로 부정되고 폐기될 뿐이며 새로운 인식인 은행 속에 전혀 보존되지 않는다. 이러한 인식에서는 그 자체 독자적으로 있는 것(은행)만을 순수하게 파악하는 것이 우리의 참된 인식에 속하는 것이다. 하지만 『정신현상학』의 경험은 최초의 의식 형태에 의해 시도된 인식의 **전복**, 즉 인식의 **반대 결과**로부터 제2대상이 생성되는 경험이다. 제2대상은 제1대상의 부정인데, 이것은 외부로부터 부가되고 제1대상을 단적으로 부정하는 추상적 부정이 아니라 제1대상 **자신에 대한** 인식의 결과로부터 나오는 것이다. 여기서 인식은 제1대상과 제2대상을 연결해 주는 매개이며, 그것을 매개로 제1대상으로부터 **내적인 방식으로** 제2대상으로의 이행이 수행된다.

"새로운 대상이 **의식** 자체의 **전복**에 의해 생성"(PhG, 79/61, 제15문단)된다는 "사태의 이러한 고찰은 우리의 부가(Zutat)이며 이러한 부가를 통해 일련의 의식의 경험들은 학적인 길로 고양되지만, 이러한 부가가 우리가 고찰하는 의식에 대해 있는 것은 아니다. 하지만 이것은 실은 이미 위에서 이 서술과 회의주의의 관계를 고려할 때 언급되었던 것과 동일한 상황이다. 말하자면 참이 아닌 지에서 나타나는 각각의 결과는 공허한 무로 귀결되어서는 안 되고 필연적으로 그 결과를 **결과로서 만든 것**의 무로서 파악되어야 한다는 것, 다시 말해 그것은 선행하는 지가 지니는 참된 것을 포함하는 결과로서 파악되어야 한다는 것이다."(PhG, 79f./61, 제15문단)

사태의 이러한 고찰, 즉 제1대상으로부터 제2대상으로의 내적인 이행을 고찰하는 것은 우리 철학자의 **부가**(Zutat)다. 앞에서 헤겔은 의식이 자신 안에 지와 대상 내지 척도를 모두 가지고 있기 때문에 의식의 경험 혹은 검사에 있어서 우리는 단지 방관만 하면 된다고 했었다. 하지만 검사의 결과인 제1대상에 대한 지가 그것의 반대임이 밝혀지고 그것이 제2대상으로 이행한다는 것을 아는 것은 의식에게는 일어나지 않고 우리만이 인식할 수 있는 것이다. 우리 철학자만이 감각적 확신의 경험의 결과가 '개별자'가 아닌 '보편자'이며 '보편자'가 '지각'이라는 보다 발전된 의식 형태가 대상으로 갖는 '사물'의 내용임을 안다. 그래서 철학자는 감각적 확신 곁에 지각 의식을 병치시킨다. 철학자만이 감각적 확신의 대상인 '이것'의 논리적 규정이 '개별자'이며 그 인식 결과가 '보편자'라는 논리적 규정임을 안다. 그리고 '지각'의 대상인 '사물'의 논리적 규정이 '자기동일적 보편자'라는 것을 알고 '지각'을 감각적 확신의 다음 단계의 인식 모델로서 병치시키는 것이다. 그럼으로써 철학자는 자신의 대상에만 고착할 뿐 서로 무관심한 의식의 형태들을 그것들이 겪는 경험을 매개로 하여 **하나의 계열**로 만든다. 이 계열은 논리적 규정들의 필연적인 전개 과정을 내용으로 하는 하나의 학적인 계열을 형성하지만, 논리적 규정들의 전개, 즉 학적 필연성을 모르는 의식은 이것을 의식하지 못한다.

앞서 보았듯이 헤겔은 인식을 수행하기 전에 인식의 도구를 진리의 척도로서 미리 마련하고 차후에 인식작용에 가지고 들어오는 통상적 인식론의 외적인 "부가" 행위에 대해 비판한다.(PhG, 69/53, 제1문단) 그와 더불어 그는 의식의 검사에 있어서도 의식 외부의 척도를 검사에 가져오면 안 된다는 "관망(Zusehen)"의 태도를 견지한다. 따라서 헤겔 자신의 인식비판의 이념은 '관망'이라고 할 수 있다. 그런데 이제 헤겔은 새로이 "우리의 부가"에 대해서 말하고 있다. 그렇다면 관망과 부가는 모순되지 않는가? 이 질문에 답하려면 어디까지가 관망이고 어디부터가 부가인가를 명확히 가려내야 한다. 새로운 지 혹은 선반성적인 지에 대한 부정은 규정적 부정이다. 하지만 자연적 의식은 선반성적 지에 대한 부정이 규정적 부정이 되는 것을 보지 못한다. 자연적 의식은 검사에서 자신의 지가 오류였다는 사실을 알고 절망할 뿐이다. 자연적 의식은 자신의 대상에만 고착해 있기 때문에 자신을 넘어서는 대상을 사고하지 못한다. 그래서 그것은 마치 일상적 경험에서 카페라고 생각했던 건물이 은행으로 대체되는 것처럼 자신의 지 속에 있는 대상이 그것과는 전혀 무관한, **외적인** 대상에 의해 대체되었다고 생각한다. 반면에 철학자는 규정적 부정을 본다. 가령 지각 의식의 '사물'의 '자기동일성'이 부정되어 '법칙'의 '관계'로 되지만 후자는 전자에 우연적이고 외적인 것이 아니라 전자로부터 산출된 것이다. 그뿐만 아니라 법칙 안에는 사물들이 지양되어 계기로서, 즉 법칙의 관계항들로서 포함되어 있다. 이러한 사실을 철학자는 알고 있다. 의식의 경험을 통해 '사물'의 지인 '자기동일적 보편성'은 '관계'로 수정된다. 하지만 의식은 자신의 지가 수정된다는 사실을 알지 못하고 단지 자신의 지가 오류라는 부정만을 생각한다. 지의 수정에서 의식은 단지 **추상적 부정**만을 보지만 철학자는 **규정적 부정**을 본다. 하지만 이것을 철학자가 부가하는 것으로 보아서는 안된다. 규정적 부정은 의식이 자각하고 있지 못하지만 의식 자신의 검사에 의해 의식에게 일어나는 것이고 철학자는 그것을 단지 관망하는 것이다.

진정한 인식비판을 위해 외부의 척도를 가져오지 말고 의식의 경험 자체를 그저 관망하기만 해야 한다는 요구가 지켜지면서 부가를 통해 현상지의 계열이 서술되려면 부가가 관망을 손상시켜서는 안 된다. 만일 이행을 결정하는 의식의 전복이 우리의 부가라면 우리 철학자의 구성 작업이 이미 의식의 경험 행위 자체에 관여하게 된다. 그렇기 때문에 위의 인용문에서 우리의 부가가 지시하는 대목이 어떤 것인지가 명백히 되어야 한다. 위의 인용문에서 우리의 부가가 지시하는 것이 '의식의 **전복**'인가 '그에 대한 **고찰**인가'의 문제와 관련하여 해석자들 사이에는 이견이 있다. 하이데거는 의식의 **전복**을 우리의 **부가**라고 본다.[45] 그는 의식의 전복을 '의식의 등 뒤에서 일어나는' 것으로 간주하고, 의식은 전복을 통해 '학적인 길로 고양된다'고 주장한다. 그에 따르면 의식의 전복을 통해서 "존재자의 존재", "현상하는 것의 현상함"이 서술된다. 그의 생각에 우리의 부가는 의식의 존재 속에 놓여 있는 것, 즉 그 개념을 드러내는 것이다. 그렇기 때문에 우리가 의식의 전복을 수행한다고 하더라도 우리의 부가는 순수한 관망을 지양하는 것이 아니라 향상시키는 것이라는 것이다. 하인리히스는 우리의 부가는 의식의 전복이 아니라 의

---

45 M. Heidegger, "Hegels Begriff der Erfahrung"(1942/43), in: Ders., *Holzwege*, Frankfurt a. M. 1980, 185 이하 참조. 이하 강순전, 「헤겔 정신현상학에서 의식의 자기검사와 우리의 부가」, 『철학사상』 제55호, 서울대학교 철학사상연구소, 2015, 226ff. 참조.

식의 전복에 대한 **고찰**이라고 말한다. 그에 따르면 우리 현상학자는 의식의 운동에 방향을 제시하고 그 운동의 필연성을 **산출**해야 하는 것이 아니다. 우리는 단지 최초의 대상과 새로운 대상의 **연관**을 **보는** 방식으로 의식의 경험의 계열을 필연적인 학문의 길이 되게 하는 것이다. 그렇게 함으로써 우리는 의식에게는 불연속적인 것이지만 우리에게는 연속적인 길을 **본다**.[46] 클라에스게스는 다시 우리의 부가는 의식의 전복이 아니라 그에 대한 고찰이라고 하는 하인리히스의 주장에 반대한다. 왜냐하면 그의 생각에 어떤 것이 이러저러한 것으로 나타나는 것은 그에 상응하는 고찰 방식 속에서만 가능한 것이며, 전복은 사태에 대한 우리의 고찰 방식 속에서만 나타날 수 있기 때문이다. 그는 전복 자체는 우리에 대해서 있는 것이지 의식 자체에게 있는 것은 아니라고 한다.[47]

하지만 나는 하인리히스가 가장 헤겔의 언급에 충실한 해석을 시도하고 있다고 생각한다. 헤겔은 분명히 "**의식이 자신에 대해 수행**하는 **변증법적 운동**"을 통해 "**의식에게** 새로운 대상이 발생(entspringt)"하는데(PhG, 78/60, 제14문단, 강조는 나의 것) "**의식 자신의 전복**을 통해 새로운 대상이 생성"되는 "이러한 사태에 대한 **고찰**"을 "우리의 **부가**"라고 말한다.(PhG, 79/61, 제15문단, 강조는 나의 것) 말하자면 의식의 전복과 그것을 통한 새로운 대상의

---

46 J. Heinrichs, *Die Logik der Phänomenologie des Geistes*, Bonn 1974, 33f. 참조.

47 U. Claesges, *Darstellung des erscheinenden Wissens. Systematische Einleitung in Hegels Phänomenologie des Geistes*, 88 참조.

생성은 모두 의식에게 일어난다. 하지만 의식은 이 사태를 **의식**하지 못하기 때문에, 철학자가 그것을 **고찰**하면서 "의식의 일련의 경험들"을 "학적인 길로 고양"시킨다. 이것은 의식에게서는 일어나지 않는 우리의 부가다. 우리의 부가는 규정적 부정과 새로운 대상의 생성을 **파악**하는 것이다. 그러한 파악을 통해 "의식의 형태들의 전체 계열이 그것의 필연성 속에서" 드러나게 된다.(PhG, 80/61, 제15문단) 의식의 경험의 결과는 의식에게는 자신을 그러한 의식이게 하는 대상의 부정이고 의식이 시도하는 인식의 실재성을 부정하는 것이다. 따라서 의식은 자신의 오류를 확인하고 절망하지만 철학자는 그 결과가 다른 의식의 시작이라는 것을 안다. 비유적으로 말하면 철학자는 그렇기 때문에 하나의 의식 형태 다음에 다른 형태의 의식이 와야 한다는 것을 알며 이런 방식으로 모든 의식들을 그 필연성에 따라 하나의 연속적인 계열로 연결한다. 하지만 이것은 비유적인 표현이며 철학자가 의미하는 것은 사태 외부에서 의식의 경험을 조정하는 ―그렇기 때문에 사태에 외적으로 자의적인 부가를 할 수 있는― 주체가 아니라 사태에 내재하는 이성에 다름 아니다. 철학자란 사태의 이성적 연관을 나타내는 메타포이기 때문에, 철학자가 자연적 의식들을 그것들의 필연적 연관에 따라 하나의 연속적 계열로 결합한다는 것은 다름 아니라, 자연적 의식의 검사를 관망하면 그 안에는 이성적 연관이 들어 있다는 사실을 말할 뿐이다. 이 **이성적 연관**이 우리의 **부가**다. 우리의 부가는 클라에스게스가 말하듯이 의식의 자기검사를 그것에 외적인 우리의 독자적인 고찰의 관점을 가지고 서술하는 것이 아니다. 그것은 의식 자신이 자각하지 못한 채 의식의 자기검사에 의해 발생하는 **이성적 연관**을 보고 **서술**하는 것이다. 말하자면 철학자의 부가의 내용은 이성적 연관인데, 그것은 의식의 자기검사 외부에서 부가되는 것이 아니다. 철학자의 부가는 ―의식은 자각하지 못하지만― 의식의 자기검사 안에 이성적 연관이 있다는 것을 확인하는 일일 뿐이다.

의식의 전복을 수행하는 것은 철학자가 아니라 의식 자신이며, 부가란 단지 그러한 사태에 대한 메타적 차원의 고찰일 뿐이라고 한다면, **부가란 철학적 관망**이라고 할 수 있다. 자연적 의식의 여러 형태들은 현상적 측면에서 보면 그 자체로 독립적이고 분산되어 있다. 하지만 그 이면의 이성적 연관에 있어서는 그것들은 하나의 논리적 필연성에 의해 이끌리는 의식의 경험의 계열을 형성한다. 결국 자연적 의식의 여러 형태들을 소재로 하여 의식의 경험의 계열을 필연적 연속성 속에서 구성하는 철학자의 작업은 자연적 의식의 형태들이 보이는 직접성 이면의 매개에 주목하고 그것을 드러내 보여 주는 것이다. 헤겔은 분명 『정신현상학』의 서술을 구상할 때 논리학이라는 약도를 가지고 들어온다. 하지만 위에서 말한 헤겔의 의도를 따라서 엄밀히 말하면 이 논리학의 계열은 의식의 경험에 **외적인 것**으로서 **부가되는** 것이 아니라 바로 의식의 **전복**이라는 **의식 자신의** 운동에 따라 생겨나는 것이다. 따라서 부가란 외적인 것이 아니라 **의식의 운동**의 관망에서 얻어지는 **메타적인 연관**들이다.

관망과 부가가 서로 간섭하지 않고 명확히 구분된다는 사실
은 의식의 경험이라는 실체적 내용과 그 배후에 놓인 개념적
형식이 서로 구별되고, 의식에 대한(für das Bewusstsein) 측면과 우
리에 대한(für uns) 측면이 명확히 서로 구별된다는 사실에 기초
한다.

"의식의 형태들의 전체 계열을 … 이끄는 … 이러한 필연성 자체
만이, 혹은 의식이 어떻게 그것이 자신에게서 일어나는지 알지 못
한 채 의식에게서 나타나는 새로운 대상의 **발생**(Entstehung)만이,
우리에게, 말하자면 의식의 배후에서 일어나고 있는 것이다. 그
럼으로써 **자체존재**(Ansichsein) 혹은 **우리에 대한 존재**(Fürunssein)라
는 계기가 의식의 운동 속에 등장하게 되는데, 이 계기는 경험 자
체 속에서 파악되는 의식에게는 드러나지 않는다. 하지만 우리
에게 발생하는 것의 **내용**은 **의식에 대해**(für es) 존재하며, 우리는
그것의 형식적인 면 혹은 그것의 순수한 발생만을 파악한다. 이
렇게 발생되는 것은 **의식에 대하여는**(für es) 대상으로서만 존재하
며, **우리에 대해서는**(für uns) 동시에 운동이자 생성으로서 존재한
다."(PhG, 80/61, 제15문단)

의식의 형태들의 전체 계열이 갖는 필연성은 의식의 경험에서
일어나지만 의식은 자신이 수행하는 일에서 이러한 필연적인
이행이 일어나는지를 알지 못한다. 왜냐하면 의식은 자신의 대
상에만 고착해 있기 때문이다. 이행을 가능케 하는 것은 철학

자의 사유다. 따라서 필연적 **이행**, 새로운 대상의 **발생**은 "의식의 배후에서" **철학자**에게만 일어난다. 대상의 자체존재, 즉 **논리적 규정**은 우리 철학자에게만 존재하는 것이다. 그것은 의식의 운동 속에서 등장하지만 의식에게는 파악되지 않는다. 가령 지각 의식은 자신의 대상인 '사물'만을 보지 그것의 논리적 규정인 '자기동일적 보편성'은 알지 못한다. 우리 철학자에게 발생하는 것은 논리적 규정이라는 **형식**이다. 의식은 그것이 **질료**를 입고 나타나는 그것의 **내용**만을 파악한다. 우리 철학자가 파악하는 논리적 규정은 형식이며, 그것이 바로 이행을 가능케 하는 것이다. 의식은 경험에 나타나는 대상에만 고착해 있다. 하지만 한 의식 형태가 다른 의식 형태로 **이행**할 수 있는 것은 그 대상이 가지고 있는 **논리적 규정**에 의한 것이다. 가령 감각적 확신의 대상인 '이것'과 지각의 대상인 '사물'이 그 자체로 연관을 갖는 것이 아니라 '개별자'와 '보편자'라는 논리적 규정이 두 의식 형태를 연이은 발전의 단계들로서 위치하게 하는 것이다. 따라서 다음 단계로의 이행, 새로운 대상 및 의식 형태의 발생을 가능케 하는 것은 논리적 규정이다. 이 **논리적 규정**은 **의식**에게는 **대상**으로서 나타나지만, 우리 **철학자**에게는 **운동**과 **생성**이라는 연속의 의미를 지닌다.

헤겔은 이중의 발생을 얘기하고 있다. 헤겔은 앞에서(PhG, 78/60, 제14문단) 새로운 대상이 **의식에게** 발생한다(entspringt)고 말하고, 여기서는 이러한 발생의 **배후에서** 일어나는 새로운 대상의 발생(Entstehung)에 대해서 얘기한다. 의식의 차원에서 새로운 대상의 발생(entspringt)이나 생성(geworden)에 대해서 얘기하는 것은 **실체적**인 의미이고, 의식의 배후에서 우리 철학자에게 일어나는 새로운 대상의 발생(Entstehung)은 동일한 사태를 **이성적** 연관에서 보는 것이다. 새로운 대상은 의식에게 자신의 지를 부정하는 돌발적인 것으로 출현하지만, 우리 철학자는 새로운 대상 안에서 논리적 규정과 그것에 의한 의식의 경험의 연속성을 본다. 따라서 의식의 경험의 계열을 논리적 필연성에 따른 연속성 속에서 고찰하는 철학자의 부가는 자연적 의식의 형태들이 보이는 **직접성** 이면의 **매개**에 주목하고 그것을 드러내 보여 주는 작업이다. 부가란 철학자가 의식의 운동을 관망하는 가운데 얻게 되는 메타적인 연관이며, 의식에 외적인 것이 아니라, 오히려 진정한 의미에서 **내적인 것**에 대한 고찰이다.

헤겔은 논리적 규정을 "**자체존재**(Ansichsein) 혹은 **우리에 대한 존재**(Fürunssein)"라고 칭하는데, 여기서 우리는 자체존재의 이중적 의미와 마주친다. 자체존재가 **의식**에 대해 있을 때는 의식의 지의 **척도**로서 **실재하는 대상**으로 간주되었다. 하지만 우리 **철학자**는 이제 자체존재라는 대상 속에서 **논리적 규정**을 본다. 이 논리적 규정은 의식에게는 **실체적** 옷을 입고 나타나는 '**내용**'이며, 우리 철학자는 그 실체적 대상 속의 '**형식**'을 파악한다. 이 형식적인 것은 논리적인 것이므로, 거기서는 한 단계에서 다음 단계로의 이행이 필연적으로 추론된다. 헤겔은 이러한 이행을 "형식적인 것의 순수한 발생(sein reines Entstehen)"이라고 한다. 우리 철학자는 대상들 속에서 그것들의 '**운동**'과 '**생성**'을 보지만 의식은 대상에만 고착해서 **대상**만을 본다.

가령 지각 의식은 대상인 '사물'을 '자기동일적 보편성'으로 본다. 이때 지각 의식은 '자기동일적 보편성'이라는 논리적 형식을 인식하는 것이 아니라 희고 짜고 딱딱하고 각진 속성들의 통일체를 인식한다. 그러니까 정확히 말하면 지각 의식이 인식하는 것은 자기동일성이라는 논리적 **형식**이 아니라 그것이 '사물'이라는 **내용**을 입고 나타난 모습, 대상인 '사물'의 논리적 구조가 드러난 **현상**이다. 지각 의식이 자기동일적이라고 생각했던 자신의 지를 검사하여 그것이 자기동일적인 것이 아니라 관계 속에 있는 것임을 알게 될 때도 '관계'라는 **논리 규정**을 인식하는 것이 아니라, 가령 소금이 타자인 설탕과의 구별을 통해서만 규정될 수 있다는 **사실**을 알 뿐이다. 말하자면 지각 의식은 '관계'라는 논리적 **형식**이 아니라 그것이 하나의 사물인 소금과 다른 사물인 설탕 사이에서 나타나는 구체적 **내용**을 알 뿐이다. 지각 의식은 이러한 사실에 맞닥뜨려 사물이 희고 짜고 딱딱하고 각진 속성들의 통일체라는 자신의 지식이 부정됨을 경험한다. 물론 지각 의식은 자신의 선반성적 지식을 부정하는 새로운 지의 내용이 오성 의식의 대상의 지를 형성하는 '관계'라는 사실에 관심을 갖지 않고 그것을 인식하지도 못한다. 자연적 의식은 자신의 대상에만 고착되어 **자체존재**를 자신과 독립되어 있는 **대상**(척도)으로 간주한다. 반면에 우리에게 자체존재는 의식의 비판적 반성을 통해 발생한 대상과 지의 통일로서의 **진리**다. 우리는 이 통일로서의 진리가 갖는 논리적 형식을 통해 그것이 다음 단계의 의식의 대상임을 알고 다음 단계의 의식을 병치시킨다. 이것은 우리 철학자의 차원에서 새로운 대상의 생성과 새로운 의식 형태로의 **이행**을 고찰하는 것이다. 하지만 동시에 그것은 의식의 차원에서 자연적 의식이 **통일**로서의 진리를 다시 **양분**하는 방식으로 일어난다. 말하자면 자연적 의식은 자신의 자연적 태도 때문에 통일된 진리로서의 새로운 지를 다시 자신에 마주 세우며, 척도로 삼아 자신의 지를 검사한다.

새로운 지의 탄생은 **진리**의 형성을 말한다. 헤겔은 최초의 대상과 그 지에 대한 검사로부터 새로운 지가 탄생하고 거기서 의식은 새로운 대상을 갖게 되고 이 대상에 직면하여 경험이 일어난다고 말한다. 따라서 의식의 경험은 비판적 검사에 의해 도달하는 새로운 지이며, 지는 의식에 대한 대상을 말하므로 지와 대상의 새로운 **통일**에 도달함을 의미한다. 의식은 경험의 매 단계마다 이러한 통일에 도달하는데, 통일이란 진리에 다름 아니다. 따라서 의식의 경험을 통해 도달하는 매 단계의 **통일**은 **진리**의 계기들이다. 이 진리의 계기들의 계열은 논리적 필연성에 따라 조직되며, 이 계열은 논리 규정들의 계열에 다름 아니므로 **학문**을 형성한다. 의식의 "경험은 그 개념의 측면에서 볼 때 다름 아닌 의식의 온전한 체계나 정신의 진리의 온전한 왕국을 포함할 수 있다".(PhG, 80/61, 제17문단) 하지만 『정신현상학』에서 **개념**, 즉 **형식**의 측면에서의 "정신의 진리의 계기들은 이러한 고유한 규정성 속에서, 추상적이고 순수한 계기로서 나타나는 것이 아니라, 의식에 대해 존재하는 계기로서 나타나거나 혹은 의식 자신이 이 계기들과 관계하면서 등장함으로써 전체의 계기들이 **의식의 형태들**이 되는 그러한 모습으로 나타난다".(PhG, 80/61, 제17문단) 말하자면 『정신현상학』에서 정신의 진리의 계기들, 즉 논리적 규정들은 『논리의 학』에서처럼 경험적 내용이 추상된 순수한 형식으로 나타나는 것이 아니라 의식의 형태 속에서 경험적 대상으로 나타난다. 그렇지만 이 경험적 대상 속에 **논리적 형식이 내재하는 한** 의식의 경험은 "필연성으로 인하여 학문으로 나아가는" 체계적인 길을 가야 하며, "이러한 길 자체가 이미 학문"이다.(PhG, 80/61, 제16문단) 다만 이 학문은 형식적인 것이 아니라 의식의 형태들 속에 현상하여 대상이라는 **실체성**을 입고 나타나야 하기 때문에, "학문의 **내용**의 측면에서" 본 "**의식의 경험의 학**"이다.(PhG, 80/61, 제16문단, 강조는 모두 나의 것)

의식은 대상에 대한 의식이고 대상은 **실체적**인 것이다. 의식에게 대상은 타자, **낯선 것**이라고 생각된다. 의식이 낯선 것에 묶여 있는 한, 의식은 자유롭지 못하다.

"의식이 자신의 참된 실존을 향해 스스로를 추동해 나감으로써, 의식은 단지 의식에만 존재하는 낯선 것, 또 타자로서 존재하는 낯선 것과 붙어 있는 자신의 가상을 벗어 버리는 지점에 도달하게 된다. 다시 말해서 의식은 현상이 본질과 같아지는 지점에 도달하게 되는데, 이로써 의식의 서술은 정신의 진정한 학문이 성립하는 바로 이러한 지점과 일치하게 된다. 그리고 마침내 의식 자체가 이러한 자신의 본질을 파악함으로써 의식은 절대지의 본성 자

체를 나타낼 것이다."(PhG, 80f./61f., 제17문단)

의식의 경험은 대상에 묶여 있는 자신의 제한을 벗어 던지면서
"정신으로 순화해 나아가는"(PhG, 72/55, 제5문단) 길이다. 대상이
자신에게 **낯선 것**이라는 생각, 자신과 대상이 **분리**되어 있다는
의식의 자연적 태도는 **가상**이다. 하지만 의식이 아직 경험을 온
전히 완수하지 못하고 경험의 계열의 한 지점에 위치할 때, 의
식은 여전히 대상이 자신의 지에 대립해 있는 **자체적**으로 있는
존재라고 생각한다. 현상하고 있는 정신, 즉 의식은 아직 가상
에 사로잡혀 있으며 이 가상으로부터 벗어나는 과정에 있다. 이
과정에서는 대상이 자체적으로 있는 것이 아니라 자신이 정립
한 것이라는 사실을 의식은 알지 못한다. 하지만 의식의 도야의
과정이 목표로하는 지점, 의식 자신의 진리인 절대지에 도달하
면 의식은 대상과 합일한다. 대상은 더 이상 의식 자신과 낯선
것이 아니다. 의식과 대상의 합치인 진리 속에서는 대상이 낯선
것이라는 가상은 벗겨지고 대상이 바로 자신임이 밝혀진다. 의
식이 진리를 향해 가면서 대상이 갖는 낯섦, 타자성은 점차 제
거되고 진리인 절대지에 도달해서 의식은 대상의 타자성을 모
두 떨쳐 버리고 그것과 합일한다. 이 지점은 현상과 본질이 같
아지는 지점이다. 본질인 논리적 규정은 의식 속에 대상으로서
현상된 내용과 전적으로 일치한다. 이제 의식은 대상의 타자성
을 모두 떨쳐 내고 대상이 바로 자신임을 확인하면서 자신의 본
질, 즉 자신이 대상을 스스로 정립하고 그것을 알아 가는 절대

적 앎이라는 것을 파악하게 된다.

한편으로 『정신현상학』은 대상의 실체성이 지에 의해 부정되고 양자의 거리가 좁혀지면서 주체성이 강화되는 과정이다. 이 과정의 종점인 절대지에 이르러서야 비로소 대상이 결국 지의 산출물, 지의 자기정립 행위였다는 사실이 드러난다. 하지만 다른 한편으로 현상학으로서 '의식의 경험의 학'은 새로운 지를 통해 새로운 대상들이 지속적으로 산출되는 과정이다. 여기서 지는 대상을 산출하는 매체일 뿐이며 실재하는 것은 그 활동의 결과로서의 **대상들**, 보다 정확히 말하면 대상의 **논리적 규정들**이다. 이것이 다름 아닌 진리라고 할 때 의식의 경험의 과정은 의식의 비판적 검사를 통해 새로운 진리를 인식하고 산출하는 과정으로 이해되어야 한다. 따라서 도달된 목표로부터 볼 때 대상들의 계열은 통일적 의식의 자기정립 행위로 간주될 수도 있지만, 시작점으로부터 볼 때 그것은 자연적 의식이 변증법적 반전을 통해 새로운 대상들을 경험해 가는 과정으로도 해석할 수 있다. 대상의 계열을 통일적 의식의 자기정립 행위로 간주하는 것은 의식의 경험의 종점에서야 말해질 수 있는 것이지 과정 중에 있는 의식의 경험을 설명하기에는 적절하지 않은 것이다. 그러한 관점에 따라 의식의 대상이 단지 가상일 뿐이라고 간주한다면, 이 가상은 의식의 검사를 통해 오류임이 밝혀짐으로써 단번에 수정되고 말 것이다. 그렇다면 의식의 경험은 다음 단계의 의식 형태로 진행할 필요가 없거나, 의식의 운동이 계속되더라도 계속 가상만을 만들어 내는 헛수고를 하게 될 뿐이다. 하지만 의식 안에서의 지와 대상의 분리는 단순한 가상이 아니라 **현상**으로서의 의미를 지닌다. 물론, 이 현상은 다음 단계의 의식 형태에 직면하여 가상으로 전락하지만 새로운 경험이 일어나기 전까지 의식은 특정한 지와 대상의 관계를 지닌 특정한 의식 형태로 **현상**해야 한다. 도야의 과정 속에 나타나는 어떤 현상도 가상으로 전락하지만 그것은 단계적으로 이루어지는 것이지 한꺼번에 이루어져서는 안 된다. 의식에 있어서의 지와 대상의 **실재론적 구별**, 대상의 **자체존재** 혹은 **척도**로서의 역할은 정신이 의식에 현상하는 **현상학적** 서술을 위해 포기될 수 없는 것이다.[48]

3 | 정신현상학의 방법

의식의 경험의 학에서 대상에 대한 최초의 지는 검사에서 반드시 수정된다. 이러한 수정은 의식의 경험이 지와 대상의 일치로서 종결되지 않고 이행을 통해 연속적인 계열화를 형성하기 위한 것이다. 이를 위해서는 의식의 경험 과정이 내적이고 규정적인 부정의 방식으로 조직되어야 한다. 부정으로부터 새로운 통일을 산출하는 변증법적 논리에 의해 검사가 동시에 새로운

---

48 강순전, 「헤겔 정신현상학에서 의식의 자기검사와 우리의 부가」, 231f. 참조.

인식이 되고 비판이 동시에 새로운 것의 서술이 된다. 그런데 검사가 반드시 수정으로 귀결되고 의식의 내용이 반대로의 변증법적 전복을 경험하는 것은 순수한 관망을 넘어서는 철학자의 조작으로 보인다. 그렇기 때문에 벤하비브는 헤겔이 기존의 것을 비판할 때는 현상학적인 태도를 보이다가 자신의 것을 제시하는 변증법에서는 교조적인 태도에 **빠진다**고 비판한다. 그녀는 헤겔이 『자연법』 논문에서 기존의 자연법의 교조적인 성격을 비판하는 데는 수긍하지만 그로부터 헤겔이 "동일과 비동일의 동일"이라는 자신의 논리를 내세울 때 다시 교조적으로 된다고 비판한다. 벤하비브는 『정신현상학』에서도 이와 동일한 양상이 보인다고 지적한다. 말하자면 의식 형태들에 대한 인식론 **비판**은 **현상학적**인 것이지만 그로부터 구축되는 헤겔의 적극적 **주장**은 다시 **교조적**으로 된다는 것이다.[49] 반면에 마르크스는 **현상학자**인 철학자가 의식의 운동의 성격을 **변증법적**으로 인식한다고 주장한다. 말하자면 현상학자는 의식의 내용의 모순에 의해 의식의 전복이 일어나고, 그럼으로써 하나의 대상이 새로운 대상으로 이행한다는 것을 파악한다는 것이다. 그는 이 변증법적 운동이 '그렇게만 될 뿐 다르게는 될 수 없는' 필연적인 것이기 때문에 모든 사람에게 그러하며, 철학자는 자연적 의식에게 자신에 내재하는 원리를 바탕으로 학에 이를 수 있다는 점을 납

---

49 S. 벤하비브, 『비판, 규범, 유토피아 — 비판이론의 토대 연구』, 정대성 역, 울력, 2008, 72 참조. 이하 강순전, 「관망과 부가」, 『인문과학연구논총』 30집, 2009, 명지대학교 인문과학연구소, 46, 48 참조.

득시킬 수 있다고 한다.[50]

하지만 의식의 운동이 반드시 그렇게 될 뿐 다르게 될 수는 없다는 데 모든 사람이 동의하지 않을 수도 있을 것 같다. 헤겔은 우리의 '부가'가 의식의 운동 자체에는 관여하지 않는 메타적 '고찰'일 뿐이라고 말한다. 하지만 이미 **의식**의 운동 자체에서 **변증법적인** 전복이 확인된다. 이 점에서 헤겔이 이미 의식의 운동 자체를 변증법적인 성격의 것으로 구성하고 있다는 비판이 제기될 수 있다. 마르크스의 말대로 의식의 운동이 반드시 변증법적으로 전복된다면, 그 결과의 내용에 따라 의식의 운동을 계열화하는 것은 누구나 수긍할 수 있을 것이다. 하지만 의식의 운동이 단순한 지와 대상의 일치를 확인하는 데서 그치지 않고 반드시 **반대**의 내용으로 지가 **수정**되는 방식으로 일어날 수밖에 없다는 데는 모두가 수긍하지 않을 수 있다.[51] 왜 지와 대상의 비교는 합치가 아니라 항상 불일치해야 하는가? 왜 한 의식의 부정은 규정적 부정이 되어야 하나? 왜 의식의 계열이 취하는 필연성은 헤겔이 서술하는 방식의 내용이어야 하나? 비판자들은

---

50 W. 마르크스, 『헤겔의 정신현상학—서문과 서론에 나타난 정신현상학의 이념 규정』, 124f.

51 들뢰즈는 니체와 자신의 철학의 원리가 헤겔의 변증법과 반대되는 것이라고 주장한다.(G. 들뢰즈, 『니체와 철학』, 이경신 역, 민음사, 1998, 29ff. 284 참조) 아도르노는 헤겔 변증법에서 사변적 통일을 비판하면서 그것을 긍정적 변증법이라고 칭하고 자신의 부정 변증법을 거기에 대립시킨다. 그는 개념을 의미의 통일체로 간주하는 것에 반대하면서 개념의 탈마법화를 통해 철학이 절대적으로 되는 것을 막아야 한다고 주장한다.(T. 아도르노, 『부정변증법』, 홍승용 역, 한길사, 1997, 67 참조) 아도르노는 대립자의 통일을 추상적 부정으로서 간주하는 헤겔의 청년기의 부정적 변증법에 머물면서 사변적 통일에 의한 이행을 부정하는 것이다.

이러한 의문을 갖기 때문에, 의식의 전도가 철학자의 부가라고 생각하고 변증법적 논리라는 헤겔의 고유한 "방법"이 의식의 경험에 부가됨으로써 순수한 관망이라는 헤겔 자신의 인식론의 이념이 손상되고 있다고 판단한다.

의식의 경험이 자신의 부정에 이를 수 있지만 이 부정을 규정적 부정으로 생각하는 것은 통상적인 생각이 아니라 명백히 헤겔의 고유한 방법적 고찰인 것 같다. 따라서 헤겔이 의식의 경험을 변증법적으로 조직하면서 방법론적 조작을 수행하고 있다는 비판이 제기될 수 있을 것이다.[52] 또한 이러한 관점에서 논리적 조작은 논리학의 계열에 따라 의식의 운동에 특정한 방향을 제시해 주는 것뿐만 아니라, 자기전도라는 의식의 운동의 방식 또한 변증법적으로 조직하는 것이라고 할 수 있을 것이다. 이렇게 볼 때 헤겔이 주장하는 의식의 차원과 철학자의 차원의 구별은 엄격히 관철되고 있지 못하다고 할 수 있을 것 같다. 따라서 철학자 헤겔은 의식의 운동을 순수하게 관망(zusehen)하고 있는 것이 아니라, 이미 의식의 운동에 **변증법적 논리**를 삼투시킴으로써 **간섭**하고 있다는 비판이 가능할 것이다.[53]

하지만 의식의 경험이라는 사태가 변증법적 성격을 지니고 있는 것인가라는 문제제기와 의식의 관점과 우리의 관점이 혼재됨으로써 순수한 관망이 침해되고 있다는 문제제기는 구별

---

52 강순전, 「의식의 경험으로서의 인식 — 헤겔 『정신현상학』의 서론(Einleitung)을 중심으로」, 『철학연구』 54집, 2001, 철학연구회, 200 참조.
53 같은 곳 200 주 43 참조.

되어야 한다.[54] 규정적 부정이 통상적 부정과 다르다는 문제제기는 의식의 경험의 성격이 갖는 보편타당성에 대한 문제제기다. 의식의 차원과 철학자의 차원의 구별이 엄격히 관철되고 의식의 운동에 대한 순수한 관망이 유지되더라도, 이러한 의식의 운동 자체의 성격에 대한 문제는 별도로 제기될 수 있는 것이다. 헤겔은 사태가 변증법적 성격을 지니고 있다고 생각한다. 그는 또한 의식의 경험의 변증법적 운동과 그에 대한 철학자의 관망을 명백히 구별하고, 이렇게 구별된 관점을 자신의 서술에서 일관되게 유지하려고 한다. 사물을 자기동일적이라고 인식하는 지각 의식으로서의 자연적 의식에 대한 헤겔의 비판은 지각 의식이 갖는 고정성, 추상성을 동요시키는 것이고, 이것이 바로 부정적 이성으로서의 변증법의 방법이다. 『철학전서』 79절의 논리적인 것의 세 가지 형식에 대한 유명한 정의 ① 추상적 혹은 오성적인 측면, ② 변증법적 혹은 부정적 이성적 측면, ③ 사변적 혹은 긍정적 이성적 측면에 따라서 볼 때[55] 자연적 의식의 선반성적 차원에서의 지와 대상의 상호 귀속적 관계는 오성적인 측면에 머물고 있다. 가령 지각 의식이 대변하는 경험론적 인식론에 대한 헤겔의 인식비판은 사물을 자기동일적인 것으로 지각하는 것이 참된 인식이 될 수 없다는 것을 보여 줌으로써, 사물과 자기동일적 보편성의 조합에 의해 형성

---

54 이하 강순전, 「헤겔 정신현상학에서 의식의 자기검사와 우리의 부가」, 229ff. 참조.
55 Hegel, *Enzyklopädie der philosophischen Wissenschaften im Grundrisse I.*, Therorie Werkausgabe, Bd. 8, § 79, 168/118.

된 지각 의식의 규정성의 **오성적 고정성**을 파괴하는 것이다. 이렇게 고정성을 파괴하는 것이 논리적인 것의 한 계기인 변증법 혹은 부정적 이성적 측면이다. 방법의 한 계기인 **변증법**은 헤겔이 대상을 분석하기 위해 가지고 들어가는 **외적인** 것이 아니다. 헤겔에게 "방법은 자신의 대상과 내용으로부터 구별되는 것이 아니다".[56] 헤겔에 따르면 사태에 내재하는 본성을 분석하면 거기에서 논리적인 것을 발견할 수 있고 이 **논리적인 것**이 바로 **방법**이다. 따라서 의식의 전도라는 변증법적 운동은 철학자가 부가한 것이 아니라 의식의 자기검사라는 **사태에 내재**해 있는 **논리**다. 의식이 그것을 자각하지 못하고 있더라도 그것은 의식의 운동에 귀속되는 것이다.

벤하비브의 생각처럼 헤겔의 인식비판인 의식의 경험에 대한 서술에서 비판적 계기와 구성적 계기를 서로 분리해서 평가할 수 있을까? 의식의 형태에 대한 인식론적 비판이란 의식의 자기검사이고 그 내용은 의식의 변증법적 전도와 분리 불가능하다. 기존의 것에 대한 비판과 새로운 것의 제시를 분리하여, 가령 지각 의식에서 '사물'의 '자기동일성'이 유지될 수 없다고 비판한 **다음에**, '자기동일성'이 타자와의 관계를 통해서만 규정되므로 '사물'의 진리는 '관계'라고 논증할 수는 없다. 오히려 반대로 사물의 자기동일성이 타자와의 관계를 통해서만 규정된다

---

56 Hegel, *Wissenschaft der Logik I*, Therorie Werkausgabe, Bd. 5, 50/39, 뒤의 쪽수는 Hegel, *Wissenschaft der Logik. Die Lehre vom Sein (1832)*, Gesammelte Werke, Bd. 21 의 것.

는 **변증법적 고찰을 통해** 사물이 자기동일적이라는 선반성적인 지를 **비판할** 수 있는 것이다. 따라서 벤하비브가 생각하듯이 비판과 변증법은 서로 구분될 수 없다. 이 점에서 볼 때 『정신현상학』의 방법이 변증법적인 것이 아니라 사태 자체가 변증법적이며, 방법은 기술적 의미에서 현상학적이라는 코제브의 말은 벤하비브의 말보다 설득력 있다.[57] 우리가 **통상적인 이해**에 따라 방법을 사태를 다루는 방식이라고 할 때, 『정신현상학』의 경우 사태 밖에서 사태를 다루는 **방법**은 **현상학적**이라고 할 수 있다. **변증법**이라는 것은 **이런 의미의 방법이 아니라 사태에 내재한 논리적인 것**의 세 가지 계기 중 하나다. 말하자면 헤겔 자신이 말하는 의미의 방법은 사태에 내재한 논리이며, 변증법은 그중 하나의 계기다. 하지만 코제브가 말하는 통상적 의미의 방법을 『정신현상학』에 적용할 때 그것은 현상학이다. 헤겔은 『정신현상학』이라는 저술의 서술 방식으로서 현상학의 원칙, 즉 **진리 혹은 본질**과 **현상**이라는 두 가지 차원의 구별을 준수한다. 그것은 **의식의 관점**과 **우리의 관점**, **의식의 경험**과 **논리적 규정**, **현상**(학)과 **논리**(학)라는 이중적 구조 속에서 전개된다. 따라서 통상적 의미에서 말하는 『정신현상학』의 방법은 이 저작의 구조와 불가분의 관계에 있다.

왜 비판적 인식으로서의 검사 결과 지와 대상이 합치하지 않고 의식의 전복이 일어나고 한 의식의 부정이 규정적 부정이 되

---

57 A. 코제브, 『역사와 현실 변증법』, 177 참조.

는지, 왜 의식의 계열이 취하는 필연적 전개가 헤겔이 서술하는 방식이어야 하는지의 질문들은 의식과 철학자라는 『정신현상학』의 구도를 **떠나서** 철학자 헤겔이 사태를 파악하는 방식의 타당성과 관련하여 제기되어야 한다. 그 방식은 『논리의 학』에서의 서술과 마찬가지로 추상적, 오성적인 것에서 부정적 이성적인 것 혹은 변증법적인 것을 거쳐 긍정적 이성적인 것 혹은 사변적인 것으로 진행한다. 자연적 의식의 규정 자체, 즉 반성 혹은 검사가 일어나기 전의 지와 대상의 관계를 통해 규정되는 의식의 규정은 추상적, **오성적**인 것이다. 검사는 지와 대상 모두에게 차례로 행해짐으로써 한 의식 형태가 갖는 오성적 규정의 추상성과 고정성을 흔들어 그것의 반대로 전도하는 **변증법적**인 절차다. 의식의 전도와 함께 새로운 대상이 발생하고 그에 상응하는 지가 설정됨으로써, 새로운 내용의 지와 대상의 관계를 통해 규정되는 또 다른 의식의 형태가 등장하는 것이 긍정적 이성의 **사변적** 절차다.

이것이 한 의식 형태에서 다른 의식 형태로 진행하는 "의식의 도야"(PhG, 73/56, 제6문단)의 논리다. 이 논리에 이의를 제기하는 사람은 『논리의 학』에서 제시되는 존재, 무, 생성의 논리나, 동일성, 구별, 대립 및 모순으로 진행하는 반성 규정의 논리, 그리고 보편, 특수, 개별의 논리에 대해서도 이의를 제기해야 한다. 왜냐하면 『정신현상학』에서 의식 형태들의 이행의 논리는 『논리의 학』의 사유 규정들의 이행 논리와 같은 것이기 때문이다. 하지만 『정신현상학』의 서술은 『논리의 학』과는 달리 **현상학적**

인 방식을 취한다. 때문에 여기서는 현상과 본질, 의식과 논리의 **이중 구조**가 지배한다. 의식은 자신이 하는 일의 의미를 모르는 채 논리적인 것을 실현하며, 현상학자로서 철학자는 의식이 산출하는 성과에 논리적인 의미를 부여한다. 이러한 이중 구조 때문에 『정신현상학』은 헤겔의 저작 중 가장 이해하기 어렵지만, 그것을 통해서만 가능한 독특한 효과를 산출한다.

제
4
장

정신현상학 본론의 전개

1
의 식

『정신현상학』의 의식 장에서 의식이란 대상의식을 의미한다. 의식은 자기 자신에 관계하는 자기의식과 달리 대상에 관계하는 의식이다. 따라서 의식 장의 세 가지 의식 형태인 감각적 확신, 지각, 오성은 각기 자신이 대상을 파악하는 가장 확실하고 참된 방법이라고 주장한다.

1) 감각적 확신

감각적 확신은 직접적인(unmittelbar) 지가 가장 확실한 진리라고 주장한다. 직접적인 지란 직접적인 것을 직접적으로 취하는 것이다. 그것은 가령 내가 지금 여기서 특정한 대상을 직접적인 방식으로 취하는 경우를 말한다. 이때 인식의 대상인 직접적인 것은 개별적인 것(Einzelnes)이고, 그것을 인식하는 의식도 개별적인 것이다. 감각적 확신은 직접적인 인식 방식이기 때문에, 그것의 대상도 직접적인(unmittelbar) 것이어야 한다. 헤겔은 이 직접적인 것을 '순수존재', '개별적인 것', '단순한 것'이라고 칭한다. 만약 대상이 직접적인 것이 아니라 매개된(mittelbar) 것이고 단순한 것이 아니라 복잡한 것이라고 한다면, 그 대상을 파악하려는 인식은 복잡한 것들을 서로 비교하고 추론해야 한다. 감각적 확신은 오류가 발생하는 것이 이러한 비교와 추론 행위 때문이라고 생각하기 때문에, 확실한 인식을 위해서는 비교와 추론의 매개 작업을 배제하고 대상을 단적으로 취해야 한다고 생각한다. 따라서 감각적 확신은 개별적인 것, 단순한 것을 직접적으로 파악하는 것이 가장 확실한 인식 방식이라고 주장한다. 이때 직접적으로 파악하는 의식 역시 개별적인 의식이 취하는 방식의 인식으로서 사념(私念, Meinen)의 형태를 띤다.

감각적 확신은 또한 감각이 진리를 가져다주는 가장 확실한 방법이라고 확신한다. 감각은 언뜻 보기에 있는 그대로 대상을 우리의 의식 앞에 가져다주고, 대상은 감각 속에서 가장 구체적이고 확실하게 드러나는 것같이 보인다. 가령 알록달록 단풍 든 나무들로 꾸며진 정원의 아름다움은 어떤 말로 표현하더라도 온전히 표현할 수 없는 생생하고 풍부한 내용을 우리의 의식에 가져다준다. 또 상자 속에 든 물건이 무엇인지를 알려면 직접 상자를 열어서 눈으로 확인해야 한다. 실로 진리란 감각을 통해 있는 그대로의 사물을 확인할 때 성립하는 것처럼 보인다. 아직 비교와 추론이 개입되지 않은 감각은 순수한 형태의 일차적인 인식이고 직접적인 인식이다. 따라서 감각적 확신은 감각의 방식으로 직접 대상을 파악하는 것이 가장 확실한 진리 인식의 방법이라고 생각한다.

하지만 감각적 확신이 갖는 이러한 기대는 완전히 그 반대의 결과로 귀결된다. 감각적 확신은 자신이 가장 풍부한 인식을 보여 준다고 생각하지만 결과적으로 가장 빈약한 인식임이 드러난다. 어떤 것이 그 반대로 뒤집어지는 것은 변증법적인 것이다. 변증법은 하나의 고정된 규정을 흔들어 그 반대로 전락할 수밖에 없음을 보여 주는 논리적 절차다. 감각적 확신은 대상에 대한 자신의 지가 자신이 생각했던 것과는 반대의 내용이 되는 변증법적 전복을 경험하게 된다.

(1) 이것 혹은 여기와 지금

감각적 확신이 갖는 대상은 어떤 것인가? 우리는 나무, 돌, 책상, 소금 등등 하나의 사물을 감각으로 파악한다. 하지만 그 사물은 감각적 확신에게는 '이것'이라고 말해질 수밖에 없다. 왜냐하면 감각적 확신은 가장 직접적인 인식이고, 감각적 확신에 의해 직접적으로 파악된 대상은 '이것'이라고 표현될 수밖에 없는 단순한 것이기 때문이다. 사물을 가령 소금이라고 말하면 그것은 감각적 확신에 의해 파악된 것이 아니라 이미 지각이라는 복잡한 매개 과정을 포함하는 인식에 의해 파악되는 것이다. 소금은 희고 짜고 딱딱하고 각진 성질들을 가지고 있다. 이런 성질들을 가진 것을 우리는 소금이라고 한다. 우리가 그것을 소금이라고 인식할 때 우리는 그것이 희고 딱딱하고 각지고 단 것(이것을 우리는 설탕이라고 한다)이 아니라 짠 것이어야 한다는 점을 안다. 말하자면 설탕과 구별되는 소금의 여러 성질들을 서로 구별하고 설탕과 비교해 보는 등 여러 가지 복잡한 생각들을 해야만 우리는 설탕과 구별되는 소금을 인식할 수 있다. 하지만 감각적 확신이 파악하는 대상은 소금의 흰 성질 하나만을 홀로 얘기할 뿐 다른 것과 그것을 비교하지도 말아야 한다.

우리가 어떤 사물을 소금, 나무, 돌 등으로 부른다면 거기에는 이미 우리가 소금이 설탕과 같지 않다는 것을, 나무는 돌과 다르다는 것을 구별하는 작용이 포함되어 있다. 감각적 확신이 본래 생각하는 대로 가장 확실한 인식이려면 그것은 어떤 구별도 포함하지 말아야 한다. 감각적 확신이 지칭하는 대상은 그저 '이것'이라고 불리어야 한다. 혼돈은 인식 속에서 여러 가지를 결합할 때 일어난다. 따라서 어떤 혼돈의 여지도 없어야 하는 감각적 확신은 사물의 이름을 가지고 그 사물을 지칭해서는 안된다. 왜냐하면 이름은 이미 다른 것과의 구별을 통해 규정된 어떤 것을 지칭하기 때문이다. 따라서 감각적 확신의 **대상**은 '**이것**(das Diese)'이다. '이것'은 감각적 확신에 의해 가장 **직접적**으로 지시되고 파악되는 **구체적 개별 사물**을 말한다. 감각적 확신은 자신의 대상인 '이것'을 **개별적인 것**(Einzelnes)이고 **단순한 것**(Einfaches)으로 파악한다. 이것이 감각적 확신이 자신의 대상에 대해 갖는 **지**(知)다.

'이것'은 시간과 공간 속에 있다. 그렇기 때문에 '이것'의 특성은 '지금'과 '여기'로 분석될 수 있다. '이것'은 '지금'과 '여기'로 이루어져 있다. '이것'은 '지금'과 '여기'가 갖는 특성과 같은 특성을 지닌다. '지금'과 '여기'는 시간적으로, 공간적으로 가장 개별적인 것을 가리킨다. 가장 개별적이라는 것은 가장 단순하다는 것이다. '지금'은 바로 지금 이 순간일 뿐이다. 그 순간에는 다른 순간이 함께 겹쳐 들어가 있을 수 없고 그것만으로 있는 단순한 것이다. 이러한 생각이 감각적 확신이 가지고 있는 생각이고, 누구나 쉽게 동의할 수 있을 법한 생각이다. 하지만 감각적 확

신은 대상이 감각적 확신이 생각하는 대로 정말 그러한지를 검
사해 보아야 한다. 그러기 위해 감각적 확신의 지와 대상을 맞
춰 보아야 한다. 검사는 다음과 같은 실험을 통해 진행된다.

(2) 지금과 여기의 변증법

지금 낮 시간에 종이에 '지금'이라고 쓴 다음 그것을 책상 서
랍 속에 보관해 두자. 그런 다음 밤에 서랍 속에 든 종이를 꺼
내 보자. '지금'이 가리키는 것은 아까는 낮이었는데, 이제는 밤
이 되었다. 거꾸로 말하면 '지금'이라는 말 속에는 낮과 밤이 함
께 들어 있다. 또한 여기 방 안에서 종이에 '여기'라고 쓴 다음
에 그것을 가지고 마당에 나가 보자. '여기'가 가리키는 것은 아
까는 방이었는데, 지금은 마당이 되었다. '여기'라는 말 속에는
방과 마당이 함께 들어가 있다. '지금'과 '여기'는 낮 시간의 한
때를, 내가 지금 있는 방을 표현하기 위해 사용한 말이다. 그것
은 가장 개별적이고 단순한 시간과 공간을 지적하는 말이라고
생각되었고 그러한 목적을 위해 사용되었다. 하지만 검사 결과
'지금'은 내일과 모레, 글피 등 '지금'이라는 종이를 꺼내 볼 때마
다 '지금'이라는 시간에 수많은 순간들이 속하는 것을 확인하였
고, '여기'는 방과 거실, 마당, 운동장, 산, 강 등 '여기'라고 쓴 종
이를 가지고 가는 수많은 장소가 '여기'에 속하는 것을 확인하였
다. '지금'과 '여기'는 가장 개별적이고 단순한 것을 표현하기 위
한 말이라고 생각되었지만, 사실은 그 안에 많은 '지금'의 예들
과 '여기'의 예들이 들어가 있는 보편적이고 복잡한 것이다.

처음에 감각적 확신은 자신이 파악하는 것이 가장 확실한 진리라고 생각했었다. 그리고 그것이 가장 확실한 이유는 그것의 대상인 '이것'은 그 안에 다른 어떤 것도 포함하고 있지 않은 단순한 것이기 때문에, 단순한 것을 직접적으로 파악하는 행위는 어떠한 오류에도 빠지지 않을 것이기 때문이다. 하지만 감각적 확신이 파악하는 '이것' 속에는 사실은 다른 많은 것들이 함께 놓고 있고, 가장 단순하고 개별적이라고 보았던 '이것'은 복잡하고 보편적이라는 사실이 드러났다. 감각적 확신이 갖고 있는 **지**(知)는 단순한 **개별자**가 아니라 **복잡한** 여러 규정들을 포함하고 있는 **보편자**다. 이러한 진리를 파악하는 데 본래 단순한 것을 파악하기 위해 그저 '이것'이라고 말할 수밖에 없었던 감각적 확신은 무엇을 할 수 있을까? 감각적 확신이 파악하는 단순한 것에 대한 인식은 보편적인 것을 표현하는 데 아주 무기력하고 보잘것없는 것일 뿐이다. 감각적 확신은 자신의 지를 검사해 본 결과 반대의 사실을 경험하게 된다. 그럼으로써 감각적 확신은 자신이 가장 확실하고 풍부한 인식이 아니라 실제로는 가장 빈곤한 인식임을 알고 좌절한다.

우리는 지식을 가질 때 보편적인 개념의 형태로 갖는다. 감각적 확신은 자신이 대상을 가장 구체적이고 생생하게 파악한다고 확신하지만, 파악한 것을 다른 사람에게 전달하려고 할 때 난관에 봉착한다. 다른 사람에게 전달하려면 말이 필요하고 말을 하려면 우리는 대상을 의식 속에서 파악해야 한다. 대상을 의식에서 파악하는 것이 인식이고 인식은 보편적인 개념을 통해서 이루어진다. 우리는 알긴 아는데, 분명하게 말로 표현하지 못하는 경우를 종종 경험한다. 이성주의자 플라톤은 그런 경우 우리가 그것을 알고 있는 것이 아니라고 한다. 지식은 분명히 말로 표현되어야 하고, 남에게 전달될 수 있어야 한다. 따라서 말로 표현할 수 없는 것은 전달할 수 있는 지식의 형태를 갖추고 있지 않다는 것이다. 감각적 확신은 말로 대상을 표현할 때 그저 '이것'이라고 표현할 수밖에 없다. 그것은 그 내용에 대해서 아무것도 전달할 수 없는 가장 빈약한 생각이다. 개별적인 것을 개별적인 방식으로 파악하는 것은 사념(Meinen)이다. 하지만 순전히 사적인 생각은 언어로 보편화될 수 없다. 이런 의미에서 비트겐슈타인은 사적인 언어는 불가능하다고 한다. 헤겔은 사념이 인식의 부적절한 형식임을 논증함으로써 비트겐슈타인의 사적 언어 불가능론을 선취하고 있는 것이다.

(3) 감각적 확신의 경험의 결과

감각적 확신은 대상을 감각을 통해 직접적으로 인식하는 것이 가장 확실하고도 풍부한 인식이라고 생각한다. 직접적으로 파악된 대상은 어떤 매개도 포함하지 않는 것이기 때문에 그저 '이것'이라고 언급될 수 있는 것이다. 감각적 확신은 그것을 개별적이고 단순한 것이라고 생각한다. 하지만 이러한 생각에 대해 반성해 본 결과, 즉 감각적 확신의 대상에 대한 지를 검사해 본 결과, 감각적 확신의 대상은 단순한 것이 아니라 복잡하고 보편적인 것임이 드러난다. 이로써 의식은 더 이상 단순한 것을 직접적인 방식으로 파악하는 감각적 확신의 형태로는 대상을 제대로 파악할 수 없음이 밝혀진다.

2) 지 각

감각적 확신의 경험의 결과, 대상은 보편적인 것임이 밝혀졌다. 보편적인 것이라는 새로운 대상을 파악하는 의식은 지각이다. 두 번째 의식의 형태인 지각에게 보편적인 것은 사물로 나타난다. 지각 의식의 **대상**은 **사물**이고 지각 의식은 사물을 **보편적인 것**이라고 생각한다. 이제 지각(Wahrnehmung) 의식은 자기동일적 보편성이라는 사물의 통일성을 의식에 **그대로 받아들이는 것**(wahrnehmen)이 진리를 파악하는 가장 확실한 방식이라고 확신한다.

(1) 사물 혹은 구별들의 통일

사물이란 무엇인가? 다시 소금의 경우를 들어 사물의 특성을 살펴보자. 소금은 희고, 짜고, 딱딱하고, 각지다. 사물은 이같이 단순한 속성들의 종합으로 이루어진다. '희다'는 속성은 '짜다'나 '딱딱하다'는 속성에 의해 방해받지 않고 그 자체로 존재하는 단순한 것이다. 이것이 바로 감각적 확신의 대상이었던 단순한 것이다. 지각의 대상은 감각적 확신의 대상을 포함하며 그것들로 이루어져 있다. 헤겔의 용어로 말하면 감각적 확신의 대상인 단순한 것은 지양되어 지각의 대상 속에 포함된다.

단순한 속성들이 서로 결합하는 방식이 사물의 사물성을 형성한다. 소금은 희다. **또한** 짜다. **또한** 딱딱하다. **또한** 각지다. 이같이 사물을 구성하는 속성들은 서로와 무관하게 독립해 있으면서 '또한'이라는 방식으로 결합한다. 소금은 희면서 또한 딱딱하다. 희다는 속성은 그 자체로 딱딱하다는 속성에 영향받지 않고 독자적인 성격을 띤다. 희다는 속성은 소금에도, 흰 벽에도, 흰 종이에도 타당한 일반적인 속성이다. 딱딱하다는 속성도 소금에나, 책상에나, 돌에 모두 타당한 일반적인 속성이다. 이같이 사물을 구성하는 속성들은 각각 일반성을 지닌다. 하지만 각자의 속성은 다른 속성에 영향을 미치지 않는다. 그것은 그 자체로 독립해 있는 독자적인 속성들이다. 말하자면 각기 일반성을 지니는 속성들은 특정한 사물 말고도 다른 어떤 사물에 귀속될 수 있다. 이러한 의미에서 헤겔은 속성들을 "자유로운 질료(freie Materie)"라고 부른다.(PhG, 101) 헤겔은 이러한 속성들의 **상호 무관심**한 결합 방식을 '또한'에 의한 결합이라고 표현한다. 소금이라는 사물은 이렇게 '또한'에 의해 여러 속성들이 결합됨으로써 하나의 통일체를 형성한다. 이 통일성이 바로 소금이라는 사물이다.

한편으로 사물을 구성하는 속성들은 다른 성격을 지닌다. 사물이 그것으로 규정되기 위해서 속성들은 그렇게 무관심하게 있기만 해서는 안 된다. 소금은 희고, 딱딱하고, 각지고, 짜야지 달면 안 된다. 단 속성을 가진 사물인 설탕과 구별됨으로써만 소금은 소금으로서 성립한다. 소금이 다른 사물과 구별된 속성을 갖는다는 것은 그것을 구성하는 속성들 각각이 다른 속성들과 구별되는 **구별적 성격**을 가져야만 가능하다. 짜다는 속성은 달다는 속성과 구별될 뿐만 아니라 소금 자신이 갖는 다른 속성들, 즉 희고 딱딱하고 각진 속성들과도 구별된다. 이 속성들이 구별되지 않는다면, 즉 구별된 속성들로 이루어지지 않는다면 소금은 소금이라는 독자적인 성질을 가질 수 없을 것이다. 모든 사물이 그렇다. 사물은 그것을 구성하는 상이한 속성들이 **그러그러하게 서로 구별**됨으로써 **그러그러한 특성을 가진 사물**이 된다.

사물은 이같이 구별된 속성들과 그것들을 통일하는 동일성으로 이루어져 있다. 구별들이 내용을 형성하고 동일성은 그러한 내용을 하나의 사물로 만들어 준다. 사물들은 여러 속성들로 구성된다. 하지만 이 속성들을 하나로 묶어 주는 통일성이 존재해야만 그러그러한 속성들을 가진 하나의 사물이 존재할 수 있는 것이다.

(2) 구별과 통일의 변증법

사물이란 이같이 구별되는 속성들을 하나로 통일시키고 있는 그 무엇이다. 하나의 사물은 감각적 확신의 대상인 단순한 속성들을 하나로 통일시키고 있는 보편적인 것이다. 우리는 보통 '사물이 있다'고 말한다. 이것은 '사물은 보편적 통일체로서 있다'라고 표현될 수 있다. 이 통일체를 논리적 용어로는 동일성이라고 말한다. 이것을 이번에는 논리적 용어를 사용해서 말하면, '사물은 (자기)동일적으로 있다'고 표현할 수 있다. 소금은 소금과 동일한 한에서 소금으로서 존재한다. 나무도 나무와 동일한 한에서 나무로서 존재한다. 따라서 각각의 사물은 **자기동일 적인 보편성**이다.

사물은 정말 자기동일적 보편성인가? 지각 의식은 대상에 대한 이러한 자신의 지를 검토해 본다. 이러한 검사 결과 지각 의식은 자신의 대상에 대한 지가 반대로 뒤집힘을 경험하게 된다. 사물의 본성은 자기동일적 보편성이며, 보편성을 갖는 사물은 자기동일적이다. 어떤 것이 자기 자신과 같다는 것, 자기동일적 으로 존재한다는 것은 언제나 확실하고 분명한 것 같다.

> "사물은 자기 자신을 위해 있는(for itself) 독자적인 것이며, 다른 것들과 관계 맺지 않는 한에서만 독자적으로 있다. 왜냐하면 다른 것과 관계를 맺는다면 오히려 다른 것과의 연관이 생기고 다른 것과의 연관은 독자적으로 있음의 중단을 의미하기 때문이 다."(PhG, 103)

자기 자신을 위해서만 있는 것은 자기동일적인 것이다. 여기서 는 사물의 **동일성**의 측면만이 말해지고 있다. 하지만 사물은 고유한 속성들을 갖고 그로 인해 다른 것과 구별된다. 한 사물을 그것으로 만들어 주고, 그 점에서 다른 것과 구별시켜 주는 성 질을 그 사물의 본질적 규정이라고 한다.

> "사물의 본질적 성격을 형성하고 그 사물을 다른 모든 것들로부 터 구별해 주는 이러한 규정성을 통해 사물은 다른 것과 대립하지

만, 그러는 가운데 자신을 독자적인 것으로 보존해야 한다. … [그런데] 바로 사물이 절대적인[본질적인] 성격을 지닌다는 점과 사물이 대립 속에 있다는 점에 의해서 사물은 다른 것과 관계 맺고, 사물은 본질적으로 이러한 관계 맺음일 뿐이다. 하지만 관계는 사물의 자립성의 부정이며, 사물은 오히려 자신의 본질적 성격에 의해서 몰락한다."(PhG, 103)

사물이 자신의 **고유한** 본질을 지니기 위해서는 **다른 것과 구별**되어야 한다. 그런데 **구별**은 다른 것과 **관계**하는 것이다. 결국 사물은 자신의 동일성을 유지하기 위해 다른 것과 관계해야 하는 모순 속에 놓인다. 이 점에서 사물은 자기를 위한 존재(Fürsichsein)이면서 또한 타자를 위한 존재, 타자에 대한 존재(Sein für ein Anderes)다. 사물은 양자의 모순적 통일이다. 이제 사물은 지각 의식이 처음에 생각했던 것처럼 자기동일성이 아니라 관계임이 밝혀졌다. 지각 의식은 사물이 본래 자기동일적이라고 생각했지만, 사물이 자기동일적이기 위해서, 즉 자기를 위한 존재(Fürsichsein)이기 위해서는 반드시 타자를 위한 존재(Sein für ein Anderes)여야 한다는 모순을 경험하게 된다. 이로써 자기동일적 사물은 모순에 의해 파괴되어 몰락하고 만다.

사물이 몰락한다는 것은 사물이 그것으로서 동일성을 유지하지 못한다는 것이다. 사물은 그것으로 있지 못하고 파괴되어 해체된다. 사물이 파괴되고 해체된다는 것은 무엇을 의미하는가? 그것은 하나의 단위로 통일되어 있던 사물이 자신의 동일성을 유지하지 못한다는 것이다. 이제 사물은 하나의 **통일체**로 성립하지 못하고 **관계**로 된다. 말하자면 사물은 자기 홀로 있는 존재(Fürsichsein)가 아니라, 사물의 참 모습은 타자와의 관계 속에 있는 것, 타자와의 관계 속에서만 올바로 드러날 수 있다는 것이다. 관계란 자기와 다른 것이라는 두 개의 관계항들을 전제한다. 결국 **하나의 통일체**로서의 사물은 부정되고 두 개의 사물들, **두 개**의 관계항들로 이루어진 **관계**가 그것의 진리임이 밝혀진다.

그런데 이 관계 역시 보편성이다. 헤겔은 사물이 갖는 자기 동일적 보편성을 제약적 보편성(bedingte Allgemeinheit)이라고 규정한다. 독일어 'bedingte'는 속성들을 특정한 방식으로 제약하여 사물(Ding)을 만든다는 의미다. 따라서 자기동일적 사물이 갖는 보편성은 속성들을 특정한 조건 아래 결합하여 하나의 사물을 형성시키는 보편성이다. 반면 관계 역시 보편성을 지니는데, 헤겔은 관계가 갖는 보편성을 무제약적 보편성(unbedingte Allgemeinheit)이라고 규정한다. 독일어 'unbedingte'는 특정한 방식으로 사물을 만드는 자기동일적 제약을 부정한다는 의미를 함축하고 있다. 이제 관계는 보편성을 지니지만 그것은 하나의 사물을 형성하는 보편성이 아니라, 하나의 사물을 넘어서 그것과 다른 사물 사이에 형성되는 보편성을 지닌다. 이것은 법칙이 구현하는 관계 속에 들어 있는 보편성이다.

(3) 지각의 경험의 결과

지각의 대상은 사물이다. 지각은 처음에 사물을 하나의 통일체로서 보편적인 것으로 간주하였다. 그리고 이 통일체를 그대로 받아들이는 것이 진리라고 주장했다. 하지만 사물을 잘 관찰해 보면 지각의 생각과는 달리 그것이 통일체가 아니라 관계임이 밝혀진다. 관계는 더 이상 하나의 사물을 그대로 받아들이는 지각에 의해서는 파악될 수 없고 더 고차적인 의식에 의해서 파악되어야 한다. 지각 의식은 자신의 대상에 대해 자신의 지와 반대되는 내용을 경험하고 좌절한다. 이제 경험의 결과로 등장한 새로운 지를 파악할 새로운 형태의 의식이 필요하다. 그리하여 법칙 속에서 관계를 파악하는 오성이 새로운 형태의 의식으로서 출현한다.

3) 오 성

지각의 경험의 결과인 **관계**를 파악하는 의식은 **오성**이다. 자기동일적 대상으로서의 사물은 결국 관계 속에서 그것의 진리를 파악할 수 있음이 드러났다. 사물은 지양되어 사물과 사물의 관계인 **법칙** 속에 위치하게 되고 그 속에서 자신의 진리를 제대로 파악할 수 있다. 하나의 사물을 그대로 받아들이기만 하면 진리라는 지각의 생각은 단순한 생각이다. 하나의 사물이 다른 사물과의 관계 속에 있고 진리는 하나의 사물의 차원에서가 아니라 관계 속에 있다는 생각이 오성의 생각이다.

(1) 힘과 그것의 발현

오성은 과학적 인식으로서 사물의 본질을 힘이라고 본다. 지각 장에서 사물은 통일성과 다양한 속성들, 자기를 위한 존재와 타자를 위한 존재의 모순관계로서 설명되었다. 오성 장에서는 이 관계를 힘들의 관계로 설명한다. 통일성이란 "자기 자신 속으로 움츠러든 본래적인 힘(die in sich zurückgedrängte eigentlichen Kraft)"이며, 다양한 속성이란 이 힘이 외부로 확산된 것으로서 "자립적인 질료들의 전개(die Entfaltung der selbständigen Materie)"로 나타난다.(PhG, 111) 전자는 유발하는 힘이고 후자는 유발된 힘이다. 마치 하나의 사물이 다양한 질료와 그것의 통일성으로 구성되듯이 이 두 가지 힘은 하나의 힘의 두 가지 측면이다. 인력과 척력, 원심력과 구심력이 하나의 힘의 두 가지 측면이듯이 하나의 힘은 두 가지 측면으로 드러난다. 하지만 무제약적 보편자를 파악하는 오성에게 힘의 두 측면은 두 개의 사물로 나타난다. 하나의 사물에 구현된 힘이 유발하는 힘으로서 작용하면, 다른 사물에 구현된 힘은 유발되는 힘으로 작용한다. 하지만 거꾸로 유발되는 힘은 유발하는 힘을 유발하도록 한다. 이런 의미에서 거꾸로 유발되는 힘이 유발하는 힘으로 되며, 유발하는 힘은 유발되는 힘이 된다. 이것은 하나의 동일한 힘이 두 가지 힘으로 구현된 것이므로, 힘이란 두 가지 힘이 상호작용하는 통일체라고 할 수 있다. 두 힘들 간의 상호작용이 형성하는 통일성이 힘의 진리다. 하지만 이 통일성 자체는 사물적인 것이 아니다. 그것은 사물의 내면이다.

오성으로서의 의식은 이제 힘들의 상호작용, "힘들의 유희의 중심을 관통하여 사물들의 참된 배경을 들여다본다".(PhG, 116)

힘들의 유희 속에서 현상하는 사물들은 전에 지각의 대상이었던 것이다. 그것들은 감각적인 것으로서 사라져 가는 것들이고, 그것들의 내면은 초감성적 세계로서 참된 본질이다.

"이제 현상하는 감각적 세계를 넘어서 참된 세계로서 초감성적 세계가, 사라져 가는 차안을 넘어서 정지된(bleibende) 피안이 열린다."(PhG, 117)

오성은 자신의 대상인 법칙을 변화무상한 현상 이면의 정지된 초감성적 세계라고 생각한다. 오성은 이제 자신의 대상에 관한 이러한 지가 참된 것인지를 검사해야 한다.

(2) 법칙과 그것의 뒤집어진 세계

오성적 의식에 따르면 현상은 끊임없이 변하지만 이러한 변화는 법칙의 지배를 받는다. 감성에 주어지는 현상의 세계가 변화무상한 세계라면, 법칙의 세계는 불변하는 세계다. 과학은 바로 다양한 모습을 가지고 있고 끊임없이 변화하는 복잡한 세계를 **단순한 원리**로 환원하여 이 원리가 어떻게 **복잡한 현상**으로 나타나는지를 설명하는 것이다. 이때 과학은 진리가 현상 속에 있는 것이 아니라 불변하는 법칙 속에 있다고 생각한다. 과학적 인식을 대변하는 오성적 의식은 이 법칙을 눈에 보이지 않는 **초감성적**인 것이라고 생각한다. 하지만 깊이 반성해 보면 법칙은 현상으로부터 추상된 것이다.

"내면 혹은 초감성적 피안은 현상으로부터 발생하고 유래한다. 현상은 내면을 매개하는 것이다. 다시 말해서 현상은 내면의 본질이며 사실상 내면을 충족시켜 주는 것이다."(PhG, 118)

법칙이란 두 힘의 상호작용에서 성립하는 통일성을 추상한 것이다. 따라서 그것은 현상을 내면화한 것이고, 현상의 "정지된 모사(stilles Abbild)"다.(PhG, 120)

하지만 오성적 의식은 법칙을 초감성적인 것으로 보기 때문에, 법칙이 현상과 내면의 상호작용에서 성립한다는 점을 보지 못하고 현상으로부터 순화될수록 참된 법칙이라고 생각한다. 오성적 의식이 생각하는 과학적 법칙은 현상의 다양성을 단순한 원리로 환원한다. 법칙의 본성은 단순함이다. 그것은 단순한 원리를 가지고 많은 것을 설명해야 한다. 그런데 법칙들 사이에도 위계(hierachy)가 있다. 보다 복잡하고 구체적인 법칙들은 다시 보다 단순한 법칙에 포섭된다. 보다 단순한 법칙은 보다 복잡한 법칙의 법칙이다. 이런 의미에서 보다 단순할수록 법칙답다고 할 수 있다. 구체적 법칙은 보다 현상 쪽에 가깝다. 하지만 보다 단순한 법칙은 현상으로부터 보다 많이 추상되어 있다. 현상을 보다 많이 추상할수록 법칙은 더 법칙다워진다고 할 수 있다. 하지만 추상적이라는 의미는 부정적으로도 이해될 수 있다. 가장 법칙다울수록 가장 많이 현상을 추상하고 있고, 그런 점에서 현상에서 가장 **멀어져** 있다. 예를 들어 낙하의 법칙이나 케플러의 천체의 운동의 법칙같이 구체적인 현상을 설명하는 법칙은 만유인력의 법칙과 같은 보다 단순한 법칙으로 환원될 수 있다. 하지만 만유인력의 법칙은 그저 모든 사물이 서로 끌어당긴다는 사실만을 말해 줄 뿐, 낙하의 법칙이나 천체 운동의 법칙과 같은 개별 법칙들의 특성들을 설명해 주지 못한다. 따라서 법칙은 현상의 **다양성을 추상**하고 현상의 다양성으로부터 멀어져 있다는 것을 말한다. 법칙답다는 것이 추상적이라는 것이라고 하면, 가장 법칙다운 법칙, 보편적인 법칙일수록 그것은 **현상의 다양한 구별을 설명해 주지 못한다**는 것이 된다.

법칙의 본분은 무엇인가? 그것은 현상세계를 설명하는 것이다. 현상과 동떨어진 법칙은 진리로서 문제가 있는 것이다. 법칙 역시 힘과 그것의 발현의 관계에서처럼 하나의 통일체로서 자신 안에 구별을 갖는다. 그런데 이 구별은 본래 현상으로부터 오는 것이다. 법칙은 법칙이기 위해 자신을 현상으로부터 구별하지만, 법칙은 현상을 반영하는 것이므로 이 구별은 다시 지양된다. 이제 참된 법칙은 마치 힘이 발현되듯이 자신의 타자태인 현상으로 자신을 구별하고 이 구별을 지양하는 원환 운동이다. 힘과 그것의 발현이 동일한 것이기 때문에 발현된 힘은 힘으로부터 구별된 것이지만 다시 힘으로 귀환되는 것이다. 마찬가지로 법칙은 자신을 현상으로 구별하지만 현상은 법칙이 현상한 것이므로 다시 법칙으로 귀환함으로써 구별이 지양된다. 이와 같이 현상과 매개된 참된 법칙은 힘과 그것의 발현이 구현하는 상호작용과 같은 것이다. 본래 유발하는 힘과 유발된 힘의 상호작용에서 성립하는 통일성이 법칙이었다. 하지만 오성은 대상을 자신에 맞세우는 의식이기 때문에, 이 통일성으로서의 법칙에 대해 '내면적인 것'이라는 지를 맞세웠던 것이다. 이로써 본래 힘들의 유희라는 현상 속에 내재하는 법칙이 현상으로부터 추상되어 정지된 초감성적 세계로 간주되었던 것이다. 이제 오성 의식의 **자기반성**은 "법칙이 현상의 법칙임을 경험한다".(PhG, 126/96) 참된 법칙은 지각의 대상인 현상들로부터 추상되어 초감성적 세계에 정지된 것으로 존재하는 것이 아니다. 그것은 자신을 구별하여 자신의 반대인 현상과 매개되고, 매개를 통해 현상의 **다양한 구별을 포함**해야 한다.

참된 법칙은 초감성적 세계가 부정되어 현상과 매개된 것이므로, 참된 법칙이 서술하는 세계는 초감성적 세계의 "뒤집어진 세계(verkehrte Welt)"다. 오성이 처음에 생각했던 법칙은 초감성적 세계였다. 하지만 뒤집어진 세계란 초감성적 세계의 반대인 현상을 포함한다. 이제 뒤집어진 세계에서 "내면은 현상으로서 완성된다".(PhG, 128/96) 법칙이 현상을 설명하려면, 법칙은 구별을 포함해야 하는데 이 구별의 근거는 **현상세계 속에** 있다. 현상과 매개된 뒤집어진 세계는 변화의 원리를 포함하는 세계다. 오성이 처음에 생각했던 법칙이 정지된 것이라면, 참된 법칙은 끊임없이 자신을 자신으로부터 밀쳐 내는 구별 행위다. 그것은 자신의 반대로 전화되고 반대를 다시 자신으로 환수하는 자기구별 행위다. 헤겔은 이러한 자기구별을 "절대적 구별"(PhG, 127/96) 혹은 "무한성"(PhG, 133/100)이라고 표현한다. 헤겔에 따르면 이러한 무한성은 더 이상 사물적인 것에 제약된 것이 아니라 의식 자신과도 같은 활동성이다. 이 점에서 의식이 무한성을 대상으로 할 때, 의식은 더 이상 자신과 다른 사물적인 것을 대상으로 하는 대상의식이 아니라 자기 자신과 동일한 것을 대상으로 하는 자기의식이 된다.

처음부터 지금까지 의식의 경험의 과정을 정리해 보자. 감각적 확신은 단순한 성질이 진리라고 했지만 지각은 그것들을 지양하여 포함하고 있는 사물이 진리라고 했다. 사물은 다시 지양되어 오성이 파악하는 법칙의 한 계기가 되었다. 오성이 생각하는 초감성적인 법칙은 현상을 설명하기 위해서 그것을 지양하여 포함하는 초감성적 법칙의 뒤집어진 세계의 한 계기로 되어야 했다. 오성이 생각했던 법칙은 불변하지만 추상적이고 고정되어 있는, 생명 없는 세계다. 반면 뒤집어진 세계는 스스로를 구별하는 **살아 있는** 세계다.

(3) 의식에서 자기의식으로

헤겔은 뒤집어진 세계의 논리가 **생명**의 논리와 같다고 한다. 이로써 헤겔이 말하고자 하는 것은 법칙보다 생명이 더 높은 진리라는 점이다. 가다머는 헤겔의 이러한 통찰을 탁월한 견해로 평가한다. 후설과 하이데거, 아도르노 등 이후의 많은 철학자들은 헤겔의 이런 견해와 같이 **과학주의를 비판**한다. 과학기술이 발전한 현대에 들어 과학적 지식을 최고의 진리라고 주장하는 입장이 과학주의이다. 하지만 철학자들은 과학이란 세계를 설명하는 한 가지 방식일 뿐이며, 과학을 포함한 모든 형태의 지식이 발원하는, 우리가 생활하는 세계에 주목해야 한다고 주장한다. 과학적 지식만이 지식의 표본으로 간주되고 다른 모든 지식이 무시된다면 세계는 추상화되고 세계의 다양성이 무시될 수 있다. 헤겔은 그렇게 되면 세계를 생생하게 파악하지 못한다고 비판하는 것이다.

헤겔에 따르면 법칙에 대한 지식보다 우위에 있는 것이 생명에 대한 지식이다. 의식의 경험에서 이제 새로운 대상은 생명이다. 이제 의식은 자신과 똑같이 생명을 가진 존재를 대상으로 한다. 우리는 이러한 의식을 자기의식이라고 한다. 지금까지 의식은 자신과 다른 대상에 대한 의식이었다. 하지만 이제 **자기**와 동일한 의식을 대상으로 하는 의식은 **자기의식**이다. 이전에는 대상에 대해 의식했지만 이제 자기와 동일한 것, 자기에 대해 의식을 한다. 이렇게 해서 의식의 진리는 자기의식임이 밝혀지면서 의식의 경험은 자기의식이라는 의식의 형태로 이행한다.

2 | 자기의식

1) 자기의식 개념의 분석

헤겔은 자기의식 장의 도입부에서 자기의식의 의미를 분석한다. 의식의 진리는 자기의식이다. 의식이란 대상에 대한 의식이다. 그러니까 의식은 대상의식의 준말이라고 할 수 있다. 의식은 자기와 다른 사물로서의 대상을 파악하는 의식이다. 하지만 자기의식은 자기 자신을 의식하는 것이다. 자기의식의 대상은 자기 자신이다. 자기의식은 더 이상 자기와 다른 사물적인 것을 대상으로 하지 않는다는 점에서 사물적 대상을 부정하는 것이다. 자기의식이 더 이상 사물적 대상을 갖지 않는다는 것은 사물적인 것을 대상으로 하는 의식을 부정한다는 것이다. 자기의식은 본래 자기관계하는 활동성이다. 칸트는 의식이 대상에 관계하는 모든 판단에 '나는 생각한다'라는 자기의식이 수반한다고 말한다. 마찬가지로 헤겔에게서도 대상의식이 대상을 인식할 때 자기의식이 수반된다. 대상으로 향한 의식이 대상 속에서 자신을 상실하지 않고 대상에서 파악한 내용을 자신에게 되돌려 자신의 것으로 삼을 수 있는 이유는 이러한 대상의식의 활동의 근저에 자기의식이 놓여 있기 때문이다. 말하자면 자기의식의 자기관계하는 활동성이 의식이 대상과 관계할 때 자기로 복귀함으로써 통일성을 이루게 하는 것이다.

만약 자기-의식(Selbst-bewusstsein)이 **의식**(Bewusstsein)을 부정함으로써 자기의식이 되고자 한다면 **자기**(Selbst)만이 남을 것이다. 이 자기는 의식이 포함하는 **대상**과의 구별을 갖지 않는 정태적인 자기가 될 것이다. 따라서 자기의식이 자아의 공허한 동어반복에 머물지 않고 자기관계적 활동성이 되려면 ―대상의식과는 다른 형태이지만― 의식의 계기가 표방하는 **대상**을 가져야 한다. 말하자면 대상은 이제 사물성을 지양한 상태로 자기의식의 대상이 된다. 자기관계적 활동성으로서의 자기의식은 그 자신 대상이 아니라 모든 대상을 부정하는 **절대적 부정성**이다. 자기의식은 본질적으로 대상을 부정하고 자신만이 자립적이라고 확신하는 의식이다. 그렇기 때문에 자기의식은 우선 **욕구**(Begierde)의 형태로 존립한다. 욕구란 대상을 부정하여 자기 자신과 동일화시키려는 활동성이다. 인간은 욕구를 채우기 위해 맛있는 음식을 먹어 치우고 산을 깎아 집을 짓는다. 인간의 자기의식은 자연의 사물을 부정하여 자기의 의도대로 변형함으로써 자신의 욕구를 충족시킨다. 욕구와 욕구의 충족에서 오는 자기의식의 확실성은 사물적 대상에 제약되어 있다. 왜냐하면 그것은 대상을 부정함으로써만 가능하기 때문이다. 하지만 욕구가 대상을 부정하기 위해서는 대상이 필요하다. 따라서 자기의식은 욕구를 통해 대상을 온전히 부정하지 못하고 오히려 그것을 재생산한다. 자기의식이 욕구인 한, 그것은 욕구의 충족을 위해 끊임없이 새로운 객체를 욕구의 대상으로 삼을 수밖에 없다. 욕구로서의 자기의식은 이같이 대상에 의존한다. 하지만 자기의식의 대상 의존성은 대상을 부정함으로써 욕구를 충족하는 자기의식의 본질과는 다른 것이다.

자기의식이 자신만이 자립적이라는 만족에 도달하기 위해서는 자기의식이 욕구로서 대상을 부정하는 것이 아니라, 오히려 대상이 갖는 자립성이 부정되어야 한다. 말하자면 대상이 견고한 자립성을 가질수록 자기의식은 자기의식다울 수 없다. 가령 자기의식이 사물적 자립성을 갖는 대상에 관계하여 욕구를 충족시키려 한다면, 자기의식은 사물 의존성에서 벗어나지 못한다. 자기의식의 본질은 자신의 **자립성**에 대한 욕구다. 하지만 자기의식이 사물적인 것을 욕구한다면, 자립성을 얻지 못하고 진정한 자기의식이 되지 못한다. 자기의식의 욕구가 사물에 관계한다면 마약이나 재화에 의존하여 약물중독이나 탐욕에 빠지게 된다. 자기의식의 욕구는 물질적 욕구가 아니라 **도덕적, 정치적**인 욕구다. 우리는 자기에 대해 어떻게 의식하는가? 나는 나다. 이것이 자기의식의 출발점이다. 나는 다른 사람이 아닌 나이고 나여야 한다. 이러한 나에 대한 의식을 우리는 자아에 대한 의식, **자의식**이라고 한다. 자의식을 가진 사람은 자기 자신에 대한 확고한 의식, 즉 **주체성**을 가지고 있다. 그는 남으로부터 주체로서 존중받기를 원하고 객체로 이용되는 것을 바라지 않는다. 그렇기 때문에 자의식은 곧 **자존감**이다. 남에 의해 자신의 자의식이 무시되고 손상되었을 때, 우리는 자존심이 상한다. 남에게 나의 존엄을 지키지 못했을 때 나는 수치스러워 한다. 정도의 차이는 있지만 누구나 남에게 무시당하는 것을 싫어하고 존중받기를 원한다. 헤겔은 자기의식을 존중받는 것을 **인정**이라고 한다. 자기의식이란 이러한 인정관계에서 문제가 되는 정치적 의식이다. 이미 자기의식의 분석에서 뒤에서 다룰 인정관계의 주체로서의 자기의식의 특성이 드러난다.

자기의식은 사물적 대상과 관계된 욕구가 아니다. 자기의식이 온전한 자기의식이 되기 위해서는 자기의식의 대상은 사물적 대상이 아니어야 한다. 사물성이 부정된 자기의식의 대상은 생명이다. 자기의식은 더 이상 대상의식처럼 사물적 대상에 관계하는 것이 아니라 자기와 동일한 생명을 가진 존재에 관계한다. 자기의식의 대상인 **생명**은 사물처럼 자기의식의 욕구에 의해 부정되는 상대적인 부정의 대상이 아니라, **그 자체 부정적인** 것이다. 생명은 오성 장의 경험이 알려 주는 것처럼 자기구별하는 **절대적 부정성**이다. 하지만 욕구로서의 자기의식은 생명을 **욕구의 대상**으로서 부정한다. 이러한 상대적 부정 속에 놓인 생명은 자기의식에게 **사물**로서 간주된다. 자기의식은 생명을 자기 자신과 같은 자기의식으로서가 아니라 동물적 생명과 같은 사물적 대상으로 간주한다. 하지만 앞에서 살펴본 것처럼 자기의식이 대상을 사물적인 것으로 간주할 때, 자기의식은 그것에 대한 의존성으로부터 벗어나지 못하고 진정한 자기의식이 되지 못한다. 주인과 노예 관계에서 주인이 노예의 노동생산물에 의존하는 것이 이러한 분석에서 예고되고 있다. 자기의식이 자립적이 되기 위해서는 자기의식의 대상인 생명이 동물적 생명이 아닌 **인간**의 생명이 되어야 한다. 동물은 생명이라는 유(Gattung)의 구성원으로서 개체이지만 자신의 유를 의식하지 못한다. 자신의 유를 **의식**하고 자신을 유의 개체로서 **의식**하는 생명은 인간이다. 이로써 인간은 단순한 생명이 아니라 자기**의식**이다. 따라서 "**자기의식은 오로지 다른 자기의식 속에서만 자신의 만족에 도달할 수 있다**".(PhG, 144/108) 이로써 '나는 나다'라는 순수한 자아가 **상호주관성**으로 실현된다. 헤겔은 진정한 자기의식에서 이미 "**우리인 나, 나인 우리**"라는 **정신**의 개념에 도달한다고 한다.(PhG, 145/108)

2) 인정 투쟁과 주인과 노예 관계의 성립

사람들은 누구나 자기의식을 본질로 하는 인간인 한 남에게 인정받고자 한다. 우리는 자신이 인격으로서 존중받기 위해서는 남의 인격 또한 존중해야 한다는 것을 교육을 통해서 알고 있다. 하지만 헤겔에 따르면 교육받기 전에 인간의 원초적인 심리는 자신의 자기의식만을 남에게 존중받기를 원하고 남의 자기의식은 인정하지 않으려고 한다. 이렇게 인간의 자기의식은 **욕구**의 형태로 나타난다. 욕구란 자아가 존재에 관계하여 그것을 부정하고 그것을 자신의 것으로 하려는 것이다. 인간은 인간을 상대로 해서도 남을 부정하고 남을 자기 마음대로 부리려고 한다. 그래서 남을 자기와 똑같은 자기의식을 가진 인간으로 간주하고 대우하려 하지 않는다. 남의 자기의식을 무시하고 남을 자기의식이 없는 동물이나 사물처럼 다루고자 한다. 하지만 어느 누구도 그렇게 취급받기를 원하지 않는다. 그래서 사람들 사이에 싸움이 일어난다. 이것은 사람들이 각자 인간으로서 인정받기 위한 싸움이다.

홉스와 로크, 루소 같은 근대의 철학자들은 시민사회의 성립을 설명하기 위해 인간의 자연적인 본능의 상태를 가정하고 거기로부터 어떻게 사회로의 이행이 일어났는지를 설명한다. 헤겔은 이러한 상태를 자기의식과 생명을 가진 사람들 사이에서 벌어지는 인정 투쟁의 모델로 설명한다. 개인들은 한편으로 각각 **자기의식**을 가지면서 다른 한편으로 **생명**을 갖는다. 말하자면 인간은 누구나 동물과 마찬가지로 생명을 가지면서도 동물과는 달리 자기의식(자의식, 자존감)을 갖는다. 그런데 사회의 출발점은 인간들이 서로 상대방을 인격으로서가 아니라 욕구의 대상으로서만 보면서 전개되는 생사를 건 인정 투쟁이다.

사람들은 누구나 타인을 인정하기보다 타인에게 인정받기를 원한다. 남을 자기의식으로서 섬기기보다 남의 자기의식을 부정하고 남이 자신의 자기의식을 존중하며 섬겨 주기를 바란다. 서로의 욕구가 충돌하여 인정을 받기 위해 싸움이 일어나는데, 이 싸움은 자기의식을 갖는 인간으로서 대우받느냐, 아니면 자신의 자기의식을 인정받지 못하고 인간으로서 대우받기를 포기하느냐를 결정하는 중대한 투쟁이기 때문에 각각은 자신의 생명을 걸고 투쟁한다.

이때 한쪽의 자기의식은 동물적 생명을 초월하여 죽음을 두려워하지 않는다. 죽음을 두려워하지 않는 자는 생명에 예속되지 않는다. 그에게는 동물과 공유하는 생명보다 인간을 인간으로 만들어 주는 자기의식, 자존감이 더 중요하다. 이 **자기의식**이 바로 **주인 의식**이다. 남에게 자기의식을 인정받은 승자는 주인이 된다. 반면 다른 쪽의 자기의식은 자기의식으로서의 자신을 주장하기보다 죽음을 두려워하여 생명에 집착한다. 패자는 주인으로부터 목숨의 부지를 허락받지만 전적으로 자기의식을 부정당한다. 자기의식을 전혀 인정받지 못한다는 것은 인간이 아니라 **동물**이나 **사물**처럼 취급된다는 것이다. 이러한 존재가 **노예**이다. 이렇게 하여 주인-노예의 관계가 성립된다.

3) 주인-노예 관계의 변증법적 반전

그런데 이렇게 형성된 주인-노예 관계를 논리적으로 고찰해 보면 외관상의 관계와는 반대의 내용으로 관계가 뒤집힌다. 주인의 자기의식은 '나는 나다'라는 동어반복의 성격을 지닌 **추상적**인 자기의식이다. 주인은 자연에 직접 관계하지 않고 노예의 노동 결과물을 향유한다. 그런데 주인은 노예를 통해서만 대상에 관계하고, 노예를 통해서만 자신의 욕구를 충족하기 때문에 주인의 욕구 충족은 노예에 **의존**하고 있다. 또한 주인이 주인일 수 있는 것은 노예를 통해서이기 때문에, 주인 개념은 노예에 **예속**되어 있다. 이렇게 볼 때 주인은 겉으로는 자립적인 의식이지만 실제로는 **비자립적**인 의식임이 드러난다.

한편 노예는 사물을 변형하는 노동을 통해 주인을 섬긴다. 노예에게 주인은 부정할 수 없는 존재다. 노예는 주인을 위해 노동해야 하지만 자연의 사물도 고유한 자립성을 가지고 있어서 노예에게 저항한다. 노동은 어떻게 이루어지는가? 노동은 자연의 원상태를 부정하여 자신의 뜻대로 변형하는 것이다. 하지만 처음에 노예는 주인의 자립성을 부정할 수 없는 것처럼 자연의 자립성도 부정하지 못한다. 노예는 이처럼 한편으로 **노동**과 다른 한편으로 주인에의 **예속**이라는 이중의 고통 속에 있다. 노예는 사물 세계와 사회 세계로부터 밀려나 자신 안으로 떠밀려듦으로써 현실을 등지고 내면세계로 도피한다.

헤겔은 이러한 노예의 의식을 **떠밀려든 의식**이라고 한다. 떠밀려든 의식 속에서 노예는 주인과 사물이 하지 못하는 철학적 사색을 하면서 사변적 사유 세계를 구축한다. 노예의 철학적 사색의 내용은 이렇다. 주인은 주인인 자기만이 자유로워야 하고 노예는 당연히 예속되어야 한다고 편협하게 사유한다. 반면 노예는 주인도 인간이기 때문에 자유로워야 하지만 노예인 자신도 인간이기 때문에 자유로워야 한다는 **보편적 자유**의 이념을 깨닫게 된다. 주인은 자기만의 자유를 주장하기 때문에 보편적 자유의 이념을 실현할 수 없다. 노예만이 보편적 자유의 이념을 사고할 수 있다. 한편으로 노예는 주인을 통해 **독자성**에 대한 경험을 획득한다. 주인은 아무에게도 예속되지 않는 독자적인 존재라는 것을 알고 그것을 부러워한다. 하지만 노예가 주인에게서 느끼는 독자성은 자신의 고유한 독자성이 아니므로 현실적이 아닌 독자성, 즉 잠재적, **가능적 독자성**이다. 노예는 주인이 자유롭고 대담하며 용맹하고 과감하다는 사실, 즉 주인의 독자성을 주인으로부터 간접적으로 경험한다.

다른 한편으로 노예는 사물을 변형하는 노동 속에서 자신의 본질을 발휘한다. 헤겔에 따르면 노동은 인간이 자신의 본질을 발휘하는 것이다. 노예는 자신의 생각을 노동을 통해 자연 속에 투영한다. **노동**은 **인간의 본질인 자기의식이 자연 속에 실현되는 것**을 말한다. 이로써 인간과 사물의 통일이 일어난다. 노예에게 자연은 이제 더 이상 저항하는 독자성이 아니다. 노동은 자연의 자립성을 부정하는 것이다. 노예는 노동을 통해 자연에 대한 **의존성**을 지양하면서 자신이 **독자적인 존재**라는 것을 인지한다. 그래서 주인을 통해 깨달은 독자성은 노동을 통해 자기 자신에게 고유한 것으로 인식되면서 현실적인 것으로 된다. 이로써 노예가 주인에게서 느꼈던 잠재적, 가능적 독자성은 **현실적 독자성**으로 된다. 그렇다면 이제 노예 역시 현실적 독자성, 즉 **주인 의식**을 획득하게 된다. 이리하여 주인이 노예이고 노예가 주인이라는 변증법적 반전이 일어난다.

"주인이 자기 자신을 성취하는 가운데 주인에게는 자립적 의식과는 완전히 다른 것이 생겨났다. 자립적 의식은 주인을 위해 있지 않고 오히려 비자립적인 것이 주인에게 남겨진다. 그러므로 주인은 **독자존재**를 진리로서 확신하는 것이 아니라, 그의 진리는 오히려 비본질적 의식이고 이러한 의식의 비본질적 행위이다. 따라서 자기의식의 진리는 **노예 의식**이다. … 주인의 지배가 보여 주듯이 지배의 본질은 그것이 되고자 하는 것의 반대임이 드러난다. 마찬가지로 노예의 예속은 예속이 온전히 실행되었을 때 오히려 그것의 직접적인 모습과는 반대로 될 것이다. 그것은 자기 자신 안으로 **떠밀려든** 의식으로서 자신 안으로 향하며 참된 자립성으로 전도된다."(PhG, 152/114)

4) 주인-노예 변증법은 시민사회 창출의 논리

철학자 **니체**는 주인을 용맹스럽고 고귀한, 가치 있는 인간으로 보고 노예를 비겁하고 천한 인간으로 평가한다. 누구도 노예보다 주인이기를 원하고, 노예보다 주인을 높이 평가하고 싶어 할 것이다. 그러나 헤겔은 철학적으로 주인보다 노예를 높이 평가하고 있다. 이러한 헤겔의 의도는 무엇인가? 헤겔에게 노예가 중요한 이유는 노예가 **노동**의 주체이기 때문이다. 노예는 노동의 상징이다. 노예제사회에서 노동은 노예가 하는 부정적인 활동이었고, 귀족은 정치적 실천에만 관여했다. 하지만 근대에 이르러 노동은 사회 형성의 원리로 간주된다.

헤겔에 따르면 노동은 자연의 가공을 통해 자연에 자기의식을 부과하며, 이러한 자기의식의 본질을 실현함으로써 의식이 발전해 가는 원동력이 된다. 헤겔은 노동이 사회 형성의 원리일 뿐 아니라 인간의 본질이라고 본다. 헤겔은 노동을 통해 사회를 형성하는 노예의 노동만이 보편적 자유의 이념을 실현할 수 있다는 점에서 노예가 주인이 되는 사회를 시민사회로 그리고 있다. 시민사회에서는 각 구성원이 남이 소비할 상품을 공급해 주는 한에서 남을 섬기는 노예이며, 남이 생산한 상품을 향유하는 한에서 남의 주인이 된다. 시민사회는 사람들이 누구나 노예인 동시에 주인인 사회이다. 우리는 여기서 인간이 노동자로서 남을 위한 수단으로만 머물지 않으며 노동 없이 목적으로서만 대우받는 것도 허위의식임을 일깨워 주는 인간에 대한 통찰을 엿볼 수 있다.

헤겔은 개인들 간의 인정 투쟁이라는 모델로부터 사회의 형성을 설명한다. 사회란 욕구를 가진 인간들이 서로를 수단으로서 이용하는 것이 아니라 목적으로서 인정하는 관계의 그물망이다. 이것이 **상호인정**이라는 **법**의 전제조건이다. 한 사람은 전적으로 목적이 되고 다른 사람은 전적으로 수단이 되는 주인과 노예의 관계에서는 법적인 관계가 성립할 수 없다. 각각의 개인이 모두가 주인이면서 노예이고, 권리와 의무의 통일체인 상호 인정의 관계에서만 법이 적용될 수 있다. 헤겔의 주인-노예 변증법은 주인-노예의 논리가 동시에 주인-노예 관계의 해체 논리이기도 하다는 점을 보여 준다. 그것은 전근대적 인간관계를 해체하고 오직 법만이 인간관계를 매개하는 근대사회로의 이행을 논리적으로 논증하고 있다. 그것은 노예제의 해체, **지배의 원리**에서 **자유의 원리**로의 사회적 이행의 논리적 필연성을 입증하는 것이다. 이렇게 이행된 사회가 시민사회이므로, 헤겔의 주인-노예 변증법은 시민사회 창출의 논리라고 할 수 있다. 그것은 가부장적 사회에서 일반적 분업관계가 지배하는 시민사회로의 이행을 그리고 있다.

5) 주인-노예 관계를 통한 자기의식의 경험의 결과

자신과 다른 사물이 아니라 자신과 같이 생명을 가진 인간을 대상으로 하면서 의식은 자기의식으로 된다. 자기의식의 대상은 생명을 가진 인간이다. 주체로서의 자기의식은 대상인 인간을 자기와 같은 자기의식으로서가 아니라 자기의식이 없는 생명으로서만 취급하려고 한다. 물론 객체인 인간도 인간인 한 동일한 태도를 취하며, 인정 투쟁을 통해 승패가 결정됨으로써 주체인 주인과 객체인 노예가 결정된다. 하지만 주인과 노예의 관계는 노예가 노동을 통해 자기의식을 획득하고 주인이 편협한 자유의식을 보편적 자유의식으로 발전시키면서 해체된다. 이로써 주인만이 자유롭다는 **일면적**이고 **개별적인 자기의식**은 모두가 주인이라는 **보편적인 자기의식**으로 발전한다. 자기의식이 대상으로 보았던 생명의 진리는 자기의식임이 밝혀졌고, 자기의식은 자신의 대상도 자기의식임을 인정하면서 보편적 자기의식으로 된다.

6) 세 가지 형태의 자기의식의 자유: 스토아주의, 회의주의, 불행한 의식

주인 의식의 진리는 노예 의식이다. 노예 의식과 더불어 의식의 경험은 보편적 자기의식에 이른다. 따라서 **개념적으로** 노예 의식에서 이성이 표방하는 보편적 자기의식으로의 이행이 이미 수행될 수 있을 것처럼 보인다. 하지만 **현실적으로는** 노예가 주인에게서 보는 독자존재성과 노동을 통해 사물에 부여하는 형식인 독자존재성은 **분리**된 것이다. 헤겔은 자기의식 장의 후반부에서 세 가지 형태의 자기의식의 자유를 서술한다. 그것은 세 가지 역사적 형태의 예를 통해 자기의식의 자유가 단계적으로 발전되어 가는 과정을 서술한다. 그것은 동시에 **생명**을 넘어선 **순수한** 자기의식의 자유를 거쳐서 보편적 자기의식인 **이성** 의식으로 나아가는 과정이기도 하다. 노예 의식이 아직 생명의 제한에 묶여서 **살아가는** 의식이라면 자기의식의 자유를 추구하는 세 가지 형태는 **사유하는** 자기의식이다.

자기의식의 자유로서 서술되는 첫 번째 형태는 **스토아주의**(Stoizismus)다. 스토아학파가 활동하였던 헬레니즘 시대는 알렉

산더 대왕과 그 후계자들에 의해 야기된 전쟁과 로마 황제들의
등장으로 혼란하고 불안한 시기였다. 스토아주의는 이성적 사
유를 통해 이러한 불안에서 벗어나는 길을 제시한다. 감정과 충
동은 외부로부터의 개별적 자극에 일일이 반응하여 인간을 불
안하게 한다. 이성이 그것들을 지배하여 마음의 평정(Apatheia)
을 찾아야 한다. 그러기 위해 이성은 인간을 대우주의 모상인
소우주로 간주하고, 대우주인 **자연**을 지배하는 **이성적** 원리가
소우주인 인간을 지배하는 동일한 원리라고 생각한다. 그렇게
생각하면 인간은 감정과 충동에 의해 작은 일에 흔들림 없이,
세상의 모든 일이 언젠가는 자연의 이치에 따라 필연적으로 제
자리를 잡아갈 것이라고 초연한 마음을 가질 수 있다. 말하자면
큰 것과 전체를 사유하는 것이 인간을 작은 일에 흔들림이 없는
크고 힘센 인격으로 만들어 준다. 스토아주의는 마음의 평정을
위해 부와 쾌락의 욕구뿐만 아니라 빈곤과 고통, 죽음의 공포로
부터도 벗어나는 금욕주의를 설파한다. 이것은 이성에 따라서
의지하는 사유에 의해 가능하다.

"아집은 개별성에 고착하여 예속에 **빠져 있는** 자유다. 하지만 스
토아주의는 항상 개별성으로부터 벗어나서 사고의 **순수한 보편성**
으로 돌아오는 자유다. 그것은 세계정신의 보편적 형식으로서 오
직 보편적 공포와 예속의 시대이지만 동시에 보편적 도야의 시대
이기도 한 때에 등장할 수 있는 자유다. 이러한 도야가 사물을 형
성하는 작용[노동]을 사유로 고양시켰다."(PhG, 157f./118f.)

아집은 올바른 의지가 아니다. 아집은 **개별성**에 묶여 있기 때문에 자유롭지 못하다. 하지만 의지는 아집과는 달리 **보편적** 이성을 따르기 때문에 자유롭다. 의지의 본질은 자유다. 의지는 본성상 **자유의지**이며 **이성적**인 의지다. 왜냐하면 의지가 자유롭기 위해서는 반드시 이성적 사유를 동반해야 하기 때문이다. 거꾸로 이성적 사유는 보편성을 사유하기 때문에 자유롭다. 스토아주의의 사유하는 자기의식은 자유로운 자기의식이다. 노동이 생명의 구체적인 상황에 묶여 있다면, 사유는 대상 속에 **자기 자신**을 정립해 넣는 자유로운 행위다. 사유는 노동과는 달리 사물적 제약에서 벗어나 언제라도 자신의 형식으로 대상을 규정할 수 있는 자유다. 스토아주의의 자유는 부와 빈곤, 권력과 예속, 쾌락과 고통 등 삶의 모든 **우연적 상황**으로부터 벗어나 자연의 **보편적 원리**를 사유한다. 스토아주의의 사유에서 구체적 상황은 별로 중요하지 않다. 스토아주의는 진정한 자유란 삶의 모든 우연성과 개별적 규정을 넘어서 있는 것이라고 생각한다. 이것을 가능케 하는 것이 사유다. 스토아주의적 사유는 대상에 제약되지 않고 사물을 **자기** 생각대로 정립한다. 그럼으로써 스토아주의적 자기의식은 자신을 자극하고 불안하게 할 수 있는 개별적 상황들을 **무시**해 버릴 수 있다. 이러한 방식으로 사유는 스토아주의적 자기의식이 어떠한 상황에서도 자신을 **자유롭게 보존**할 수 있는 방법이다. 스토아주의는 이와 같이 자유로운 자기의식이기 때문에 **주인 의식**에 상응한다.

하지만 의식은 스토아주의의 이러한 긍정적 측면이 부정적 측면으로 뒤집히는 변증법적 반전을 경험한다. 우연성과 개별적 규정을 **넘어서** 자유로이 보편적인 것을 사유하는 스토아주의적 자기의식에 대해 사람들은 다음과 같이 말할 수 있다. '생각은 자유다. 하지만 세상이 생각 같지 않은데 어쩌랴.' 스토아주의의 사유는 보편적인 것을 의지한다. 그것은 이러저러한 구체적인 사물을 원하는 것이 아니라 갖가지 내용 속에서 **자기 자신**을 관철하기를 원한다. 스토아주의는 경험의 모든 다양한 내용에도 불구하고 그것들에 자신의 보편적 규정을 일관되게 관철할 수 있다는 것에 만족한다. 사유는 노동처럼 —하지만 노동보다 고차적인 방식으로— 사물이라는 내용 속에 **자신의 형식**을 정립하는 행위다. 스토아주의의 사유하는 자기의식은 모든 구별들을 뛰어넘어 자기 자신만을 발견하는 순수한 형식이다. 하지만 이러한 형식은 구체적인 사물의 구별 속으로 침투해 들어가지 못하는 **피상적인** 것이다. 스토아주의의 사유는 사물의 자립성과 **동떨어진** 보편적 형식이며, 사물은 사물대로 사유에 대립한 것으로 남는다. 그것은 보편적 형식에만 머물러서 특수한 규정 속에 있는 내용을 파악하지 못한다. 따라서 스토아주의는 **추상적**이고 **공허한** 사유다. 그것은 "추상적 자유"이며 "타자존재에 대한 불완전한 부정일 뿐"이다.(PhG, 159/118)

  스토아주의가 개별이 결여된 보편을 사유하는 공허한 사유라면, **회의주의는 개별성**, 다양성에 관계하여 그것을 부정한다. 회의주의는 구체적 사물을 부정하는 "실재적 부정성(reale Negativität"(PhG, 159/155)이다. 따라서 회의주의는 스토아주의가 꿈꾸던 사고의 자유라는 이상을 실현한다. 그것을 실현하는 회의주의의 사유는 "다양하게 **규정된** 세계의 존재를 부정하는 사유"(PhG, 159/155)다. 그것은 타자를 부정하는 **노동**과도 같은 행위다. 따라서 회의주의는 **노예 의식**에 상응하는 것이다. 주인 의식의 진리가 노예 의식이듯이, 스토아주의의 진리는 회의주의다. 스토아주의에서는 사유의 형식과 사물의 규정이 서로 동떨어져서 대립해 있었다. **주인**이 사물의 자립성에 침투하여 자신의 독자존재성을 실현할 수 없듯이, **스토아주의**의 추상적 사유는 피상적으로만 사물에 관계할 뿐 그것에 침투하지 못한다. **노예**의 노동만이 사물에 침투해서 자신의 독자존재성을 각인할 수 있듯이, **회의주의**적 사고만이 모든 개별적 규정들에 침투해서 그것들을 해체하고 무(無)로서 증명할 수 있다. 이제 사유는 **절대적 긍정성**이 아니라 **전능한 부정성**의 형식으로 나타난다. 스토아주의에서처럼 실제로 개별자 속으로 침투하지 못하고 자신의 형식에만 머무는 사유는 공허하다. 사유의 진정한 자유는 회의주의처럼 모든 개별 규정들을 부정할 수 있는 자유다.

헤겔이 회의주의라고 말하는 것은 근세의 회의주의가 아니라 고대의 회의주의다. 흄의 경우에서 보듯이 근세의 회의주의는 감각 경험과 그것에 기초한 상식에 의해서 보편적 지식을 부정한다. 하지만 고대의 회의주의는 근세의 회의주의와는 반대로 감각과 상식의 타당성을 부정한다. 헤겔은 현상이 아니라 이데아가 진리라고 주장한 플라톤의 철학을 위시하여 진정한 철학은 모두 이러한 회의주의적 요소를 포함한다고 주장한다. 진리란 감각에 놓여 있는 것이 아니라 감각의 껍질을 뚫고 들어가야만 도달할 수 있는 이성적인 본질이다. 그렇기 때문에 올바른 철학은 감각의 타당성을 인정하지 말고 오히려 회의해야 한다. 이것이 철학이 학문이 되기 위해 취해야 하는 첫 번째 단계다. 따라서 회의주의는 보편적 지식과 학문에 대한 회의주의가 아니라, 그것에 도달하기 위해 감각과 상식을 부정하는 것으로서 학문의 구성요소다. 따라서 이러한 회의주의는 '학문적 회의주의(wissenschaftliche Skeptizismus)'라고 할 수 있다.

하지만 자기의식의 자유의 한 양식으로서 다루어지는 회의주의는 이성적 인식으로까지 나아가기 이전의 회의주의 그 자체를 말한다. 회의주의 자체는 자신이 주장하는 것을 부정할 수밖에 없는 수행적 모순에 빠진다. 회의주의는 모든 규정이 소멸되어야 할 것이라고 주장하지만 자신의 주장만은 소멸되지 말 것을 요구한다. 하지만 모든 것이 덧없다는 그의 주장이 타당하다면 그 주장 역시 덧없는 것이다. 회의주의는 모든 타자를 현실적으로 부정함으로써 자신을 정립한다. 회의주의의 자기의식은 모든 것을 부정하면서 오직 자신만이 타당하다고 확신한다. 따라서 회의주의에는 절대적인 **자기 확신** 이외에는 어떤 것도 실재하지 않는다. 하지만 타자를 부정함으로써만 자기 확신하는 자기의식은 타자에 얽매여 있다. 회의주의적 자기의식은 자신의 끊임없는 부정을 통해 우연성과 비본질성으로 드러나는 구체적 상황에 구속되어서 그 자신 **무상함** 속에 던져져 있다. 그렇기 때문에 회의주의는 보편과 개별을 통일시키지 못하고 양자 사이를 방황할 뿐이다. 회의주의는 개별적 규정들을 부정하여 양자를 통일하려 하지만 오히려 양자 사이의 **분열** 속에 놓여 있다. 회의주의의 자기의식은 한편으로 세계를 괄호 치면서 모든 존재 규정을 넘어서지만, 다른 한편으로 세계에 구속되어 우연적 세계의 단편으로 남는다. 이러한 이중적인 자기의식은 생명에 제약된 삶을 넘어서 있으면서도 동시에 그 안에 있는 고뇌에 찬 의식이다.

이렇게 한 의식 안에서 보편과 개별, 본질과 비본질이 **분열**되어 있으면서 그것을 극복하려고 노력하는 의식이 **불행한 의식**이다. 회의주의적 자기의식은 한편으로 끊임없는 부정을 통해 자신을 **확신**하면서, 동시에 자신이 현존하고 있는 그러한 세계의 **무상성**을 의식한다. 자기 확신은 **불변적인 것**이며, 생명에 제약된 다양한 삶은 **가변적인 것**이다. 불행한 의식은 이러한 분열을 자신 안에 불변자인 신과 가변적 의식인 인간으로 이중화한다. 헤겔은 불행한 의식이라는 자기의식의 형태로서 유대교와 중세의 기독교를 염두에 둔다. 헤겔은 역사상 등장한 민족 중에 희랍 민족을 행복한 민족으로 유대 민족을 불행한 민족으로 생각한다. 유대교는 인간과 신을 **분리**시키는 종교다. 유대교에서는 인간과 신 사이에서 생동적인 관계가 성립하지 않는다. 유대교에서 신은 결코 도달되지 않을 **피안**이며 유한자의 부정이다. 반면 인간은 비본질적인 것으로서 자신의 **무상함**을 체험한다. 유대교적 불행한 의식은 그 자신 비본질적인 것으로서, 본질적인 것과 관계 맺음으로써 본질적인 것이 되려고 하지만 이러한 합일의 노력은 실패한다. 이러한 노력을 통해 개별적 의식은 **보편적** 본질을 추구하지만 보편으로서의 신에 직면하여 끊임없이 자신의 무실성만을 의식하고 **개별자**로 전락한다. 이렇게 첨예한 분리는 유대적 의식을 불행하게 하지만, 분리가 첨예할수록 그로부터 도래하는 통일은 더욱 심원한 것이다. 유대교는 우리를 기독교로 인도한다.

기독교에서는 인간으로 **육화된 신**을 통해 **보편이 개별성으로 형상화**되면서 보편과 개별, 불변자와 개별적 의식이 **통일**된다. **개별 속에 내재한 보편**을 통해 불변자가 곧 개별적 의식이 된다. 하지만 의식은 이것을 알지 못한다. 의식에게는 신이 세계 속에 현시되었지만 그 신은 다시 시간 속으로 사라져 버렸다. 신은 죽었다. 기독교적 의식은 신의 임재를 역사적 시간을 초월하여 **정신**으로 고양시키지 못한다. 그것은 육화된 신을 통해 형성된 보편과 개별의 통일을 **개념적**으로 파악하지 못하고 종교적으로 **느낄** 뿐이다. 기독교적 의식은 불변자와 개별자의 통일, 구체적 보편자라는 진리를 내면화하지 못한다. 그럼으로써 그것은 자신의 본질과 **분리**되는 상태로 다시 전락한다. 기독교적 불행한 의식은 자기의식의 본질인 불변자와 개별자의 통일을 자신의 피안으로서 자신에 맞세운다. 형상화된 불변자를 명상하는 종교적 태도를 통해서도, 노동을 향유하고 감사하는 활동적인 종교적 태도를 통해서도 불행한 의식은 이 분리를 통일시키지 못한다.

통일을 갈구하는 기독교의 마지막 태도는 자기 자신을 포기하는 **자기희생**의 금욕적 태도다. 인간은 모든 것을 신의 은총이라고 여기고 자기의 고유성을 모두 포기한다. 인간은 자신의 개별적 의지를 완전히 **포기함으로써** 신의 보편적 의지와 **합일**하려고 한다. 이때 매개 역할을 하는 것이 **교회**다. 개별적 의식은 교회의 의식(儀式)에 자신을 온전히 내맡김으로써 개별적 의지로서의 자신을 거부하고 자신의 선택과 결정의 자유를 포기한다. 그의 "행위는 성직자와 교회의 낯선 결정에 순응함으로써 행위와 **의지**의 측면에서 볼 때 더 이상 자기 자신의 것이 아니다".(PhG, 175/130) 이처럼 개별적 의지는 교회의 보편적 의지에 자기 자신을 완전히 **외화**(外化)시킴으로써 **보편적 의지**가 된다. 하지만 개별적 의식은 자기 자신의 외화에 다름 아닌 교회에서 자신을 발견하지 못한다. 개별적 의식은 자신을 포기함으로써 "보편적이고 **그 자체로** 존재하는 의지"로 되지만, 개별적 "**의식 자신이 이러한 자체적인 것은 아니다**".(PhG, 176/131) 그렇기 때문에 개별과 보편의 "**통일**"은 "**개념** 속에서만" 존재하며 개별적 "**의식에게는**" 여전히 "**대상으로**" 마주 서 있다.(PhG, 177/131) 이로써 개별 의식은 여전히 자기 자신의 소외인 보편적 의지와 자신 사이의 **분리**를 통일시키지 못한 **불행한** 의식으로 남는다.

개별 의지는 자신을 부정하여 교회라는 매개체에 외화됨으로써 보편적 의지로 된다. 교회로 나타나는 보편과 개별의 **통일**은 개별 의식 **자신의** 외화에 다름 아니므로, 통일은 더 이상 개별 의식 밖에 놓여 있는 것이 아니다. 하지만 불행한 의식은 통일을 항상 신앙의 대상으로서 맞세우는 종교적 의식이기 때문에 이러한 사실을 **개념적으로** 파악하지 못한다. 자기가 마주하고 있는 **세계**가 다름 아닌 **자기 자신**의 것이며, **자신**이 바로 세계의 **실재성** 혹은 진리라고 확신하는 의식은 **이성** 의식이다. 개별 의지의 외화를 통해 교회에서 형성된 보편과 개별의 통일은 이제 이성 의식의 대상이 된다. 이성 의식은 모든 대상이 자신이 정립한 것에 다름 아니라고 확신하는 **관념론적** 의식이다. 자기 포기에 의해 불변자와 화해하는 통일 의식은 자신을 모든 실재성으로서 확신하는 의식과 다르지 않다는 사실이 밝혀지면서 불행한 의식은 이성 의식으로 이행한다.

3
이 성

칸트에 따르면 이 세상은 인간이 보는 대로 생긴 것이다. 세상의 사물들은 인간에게 보이는 대로 알려질 뿐, 인간은 그 자체로 사물이 어떤지는 알지 못한다. 그렇다고 해서 똑같은 사물이 사람들 각각에게 다르게 보이는 것은 아니다. 칸트는 의식을 가진 사람이면 누구나 공통된 인식의 구조를 갖는다고 한다. 이 공통된 인식 구조를 갖는 의식이 바로 『정신현상학』에서 말하는 이성이다. 자기의식 장의 결과는 **보편적 자기의식**이었고, 이 보편적 자기의식이 **이성**이다. 보편적 자기의식이란 가령 주인 한 사람에게만 타당한 자기의식이 아니라, 주인과 노예 모두

에게 타당한 의식이었다. 노예가 사유한 이러한 보편적 자기의
식은 중세의 교회에서 형상화되었다. 교회가 보여 주는 보편과
개별의 통일은 더 이상 의식 밖에 있는 것이 아니다. 이 통일이
이성 의식의 대상이다. 이성은 "자기 자신이 모든 실재성이라고
확신하며", 그렇기 때문에 "모든 현실성이 자기 자신에 다름 아
니라고" 생각한다.(PhG, 179/132) 교회에서 형상화된 보편과 개
별의 통일은 이성의 **대상**일 뿐만 아니라 **이성**이라는 "의식의 본
질"(PhG, 178/132)이기도 하다. 왜냐하면 이성 의식의 대상은 온
전히 이성 의식에 의해 관통되어 규정된 것이며, 그럼으로써 대
상은 "더 이상 의식의 바깥에 있지 않기"(PhG, 178/132) 때문이
다. 이성이란 **개별적**인 동시에 **보편적**인 의식이다. 그것은 **자신**
이 사고하는 것이 바로 **보편적** 진리라고 확신한다. 헤겔은 칸트
의 철학에서 **보편적 자기의식**과 **관념론**이라는 이성 의식의 특징
을 본다.

이성은 자기가 보는 방식대로 세계가 그렇다고 확신한다. 이
성은 자신이 생각하는 대로 자연과 정신세계를 관찰한다. 그러
는 가운데 이성은 세계가 자신의 방식대로 존재한다고 생각하
고 자신의 방식대로 세계를 변형하려고 한다. 하지만 이성의 경
험은 세계가 자신의 방식대로 존재하는 것이 아니라 자신이 세
계에 맞춰 존재할 수밖에 없다는 사실을 경험하게 된다.

1) 칸트와 헤겔: 두 수영 선생

이성은 자연을 자신의 방식대로 파악할 뿐 아니라, 사회에 대

해서도 자신의 생각이 올바른 것이라고 생각하고 자신의 방식대로 세상사를 규정하고 변형하려고 한다. 전자를 이론적 이성이라고 하고 후자를 실천적 이성이라고 한다. 헤겔은 이론적 이성에 있어서나 실천적 이성에 있어서나 칸트의 입장을 비판한다. 헤겔에 따르면 세계는 인간 안에 미리 구비되어 있는, 보는 방식에 의해 그러그러하게 규정되는 것이 아니다. 오히려 인간이 자신의 인식을 그때그때 세계의 내용에 맞추어 가야 한다. 칸트는 우리가 세계를 경험하기 이전에 우리가 세계를 경험하는 방식이 이미 우리의 의식 속에 구비되어 있다고 주장한다. 그러니까 우리의 의식 안에 있는 인식의 도구를 잘 파악해서 오류에 빠지지 않고 인식하도록 해야 한다. 이것은 마치 수영장에 들어가기 전에 수영의 기술을 미리 터득해 두어야 한다는 주장과 같다.

수영은 항상 잔잔한 수영장에서만 하는 것도 아니며 물살이 센 강이나 파도가 거친 바다에서도 하여야 한다. 그리고 그때그때 수영의 방식이 달라야 한다. 헤겔은 경험이 항상 그때그때 다른 대상에 따라 다르게 이루어진다고 주장한다. 지금까지 살펴본 의식의 다양한 경험이 그것을 말해 준다. 어떤 경우에 경험은 그저 **단순한 성질**들을 **감각**을 통해 파악하기도 하지만, **사물**을 파악할 때는 **지각**의 방식으로 사물의 성질들을 받아들이며, 보다 복잡한 경우에는 **오성**을 통해 사물들의 **관계**를 인식한다. 또한 죽은 사물뿐만 아니라 살아 있는 생명도 인식의 대상이 되며, 그럴 경우에는 분명 다른 인식 방식이 적용된다. 헤겔은 이같이 대상의 여러 가지 종류에 따라 각기 다른 인식의 방법이 적용되어야 한다고 주장한다.

칸트와 헤겔은 실천이성에 있어서도 대립한다. 실천이성이란 실천을 인도하는 이성이고 이성에 따라 인도되어 수행하는 실천은 도덕이다. 우리는 남이 보지 않아도 도둑질을 한다거나, 남에게 들키지 않아도 거짓말을 한 것에 대해 **양심**의 가책을 느낀다. 양심은 내 마음 안에서 나의 행동이 도덕적인지 아닌지를 판정하는 심판관이다. 이같이 칸트는 도덕이 개인적 양심에 근거한다고 주장한다.

헤겔은 도덕에 대해 근본적으로 다른 생각을 가지고 있다. 그는 인간의 행위를 윤리적으로 만드는 것이 풍습, 관습 등을 포함한 **공동체의 규범**이라고 생각한다. 칸트의 생각에 따르면 아프리카인이나 한국인이나 미국인이나 아랍인 모두 양심과 양심에 따라 생각하는 실천이성을 가진 한에서 도덕에 관해 합의를 이룰 수 있다. 하지만 헤겔은 그들이 그저 거짓말하지 말아야 한다거나, 도둑질하지 말아야 한다는 등 몇 가지 추상적인 사실에서만 합치된 생각을 할 수 있을 뿐이라고 한다. 그런 추상적 사실로부터는 구체적으로 어떻게 행동하는 것이 윤리적이며 어떻게 행동해야 하는지 어떤 가르침도 받을 수 없다. 그렇기 때문에 그것은 윤리적 규범으로서 의미가 없다. 어떻게 행동하는 것이 윤리적인지를 알기 위해서 혹은 어떻게 윤리적으로 행동해야 하는지를 배우기 위해서 우리는 각자가 사는 공동체의 규범을 알아야 한다. 이 공동체는 각자가 살아가는 삶의 터전이며 공동체의 규범은 각자의 삶의 양식을 결정한다. 아프리카 사람은 한국 사람과 다른 풍습과 관습 속에서 살아왔으며 살아가고 있다. 아랍 사람은 미국 사람과 다른 종교와 문화 속에서 살아왔고 살고 있다. 물론 그들에겐 공통적인 이성도 있고 도덕적 행위에서 서로 합의를 이룰 수도 있다. 하지만 헤겔이 보기에 구체적 행동을 하는 데 있어서 그 공통적인 것보다 더 크고 중요한 것은 차이다. 말하자면 개인의 윤리적 행위는 그가 사는 공동체의 규범과의 상호작용 속에서 이루어져야 한다는 것이다.

2) 세상사에 대항하는 덕의 기사

헤겔은 돈키호테를 염두에 두고 칸트의 실천이성과 개인적 양심에 따라 행동하는 사람을 덕의 기사라고 부른다. 마치 돈키호테가 세상의 부조리에 맞서 싸우듯이 덕의 기사는 자신의 덕을 실현하기 위해 세상사와 맞서 싸운다. 그는 세상이 비도덕적이고 자신의 생각이 도덕적이라고 생각한다. 선은 세상이 아닌 그 개인의 마음속에 있다. 특히 청년들이 이런 태도를 취한다. 청년은 세상이 부패하고 타락했다고 생각하면서 세상에 대항하여 자신의 이상을 실현하려는 정열에 불타기 마련이다. 하지만 헤겔은 그러한 행위가 마치 돈키호테와 같이 세상 물정을 모르는 무모한 행위라고 본다. 돈키호테의 모험은 반드시 실패한다. 왜 그런가? 세상이 그의 맘 같지 않기 때문이다. 세상은 돈키호테가 생각하는 것과 다른 것이다. 돈키호테는 풍차가 사악한 적이라고 생각하여 풍차로 돌진한다. 하지만 풍차는 엄연한 풍차이고 잘못된 것은 돈키호테의 주관적인 생각이다.

마찬가지로 덕의 기사는 자신의 주관적 이상이 선이며 세상사는 악이라고 생각한다. 하지만 헤겔은 그 반대의 것이 타당함을 논증한다. 세상사는 이미 **선을 포함**하고 있으며, 또 그래야 한다. 만일 세상이 선과 전혀 무관하다면 세상 사람들이 어떻게 덕의 기사의 말을 알아듣고 수용할 수 있겠는가? 덕의 기사가 실현하고자 하는 선은 이미 세상사와 **관련**되어 있고 세상사 **속**에 있는 것이다. 선은 세상사 속에 위치하고 세상사를 통해서만 실현될 수 있다. 선이라는 것은 개인적 차원에서 성립하거나 실현되는 것이 아니라 **관습, 풍습, 법, 문화, 제도** 등 세상사 속에서 사람들이 살아가는 방식에 의해 형성되고 결정되는 것이다. 헤겔은 이것을 **인륜성**이라고 한다. 우리가 결혼을 인륜의 대사라고 말하는 데서 알 수 있듯이, 인륜성은 관혼상제와 같은, 인간이 공동체 안에서 살아가는 방식을 말한다. 헤겔에 따르면 인간 개개인이 자신의 주관적 양심에 따라 행동함으로써 공동체의 규범을 형성하는 것이 아니다. 오히려 개인이 태어나기 이전부터 있었던 공동체의 규범에 따라 인간은 자신의 행위의 지침을 배워야 한다. 그러니까 공동체의 규범이 개인의 행동의 선악을 결정한다. 공동체는 개인을 능가하는 힘이다.

헤겔의 이런 생각은 보수적이며 잘못된 현재를 옹호하는 위험에 빠질 것이라는 의혹을 받을 수 있다. 보수주의란 무엇인가? 보수주의는 변화를 부정하고 현재를 옹호하는 것이다. 하지만 헤겔은 현재의 변화를 부정하는 것이 아니다. 다만 변화가 한 개인의 주관적 생각에 따라 이루어지는 것이 아니라 인류의 보편적 노동에 의해 일어난다고 생각하는 것이다. 인류의 보편적 노동이란 마치 애덤 스미스의 보이지 않는 손의 이론처럼 각각의 개인의 행동들이 전체로 결집되어 만들어 내는 세상사의 흐름을 말한다. 세상사는 개인 위에 군림하며 개인을 좌지우지하는 현재의 힘이며, 또한 세상사 자신의 부조리를 변혁할 수 있는 미래의 힘이기도 하다. 헤겔은 이것을 **존재와 당위의 통일**이라고 한다. 세상사는 현재의 위력으로서 있는 것이며, 또한 앞으로 있어야 할 바를 자신 안에 포함하고 있다.

물론 세상 속에 있는 인간을 빼고 세상사 자체가 자신을 변혁하는 것은 아니다. 세상 속의 어떤 개인이 자신의 주관적 생각에 따라 세상의 흐름을 바꿀 수 있는 것은 아니지만, 세상사의 요구에 부응하는 위대한 개인과 그를 따르는 인류의 행위가 세상의 흐름을 바꾸는 것이다. 헤겔이 나폴레옹에 감격한 것도 그가 지닌 어떤 사적인 모습보다는 그가 세계사의 흐름을 인도할 세계사적 의미를 지닌 인물이기 때문이다. 세상은 개인이 미리 알 수 없지만, 이성에 의해 지배된다. 세상사 속에서 작동하는 이성은 그 자체로는 아무것도 아니다. 그것은 세상 속의 개인들에 의해 현실화되어야 한다. 하지만 개인은 자신의 맘대로 세상을 움직이는 것이 아니라 세상의 정해진 이치, 즉 이성에 따라 세상을 움직여 가는 동력일 뿐이다. 세상은 개인을 위대한 성공으로 이끌기도 하지만, 나폴레옹의 경우처럼 자신을 위해 위대한 일을 수행한 개인을 처참하게 몰락시키기도 한다.

개인은 세상사에 맞서 싸울 것이 아니라 세상사와 **화해**하여야 한다. 그는 세상사의 흐름과 자신의 시대의 공동체의 규범이 어떤지를 **자각**해야 한다. 개개인의 이러한 자각 속에서 공동체가 자각한다. 어떤 민족 공동체는 개인 구성원들에 의해 올바른 방향으로 운영되지만, 구성원들이 올바른 자각을 지니지 못할 때 그 민족은 위험에 빠진다. 헤겔이 지향하는 것은 개인과 공동체가 조화로운 통일을 이룬 상태이다. 그것은 개인이 자신의 이익을 위해 노력할 때 그것이 곧 사회의 발전에 기여하며, 사회의 발전에 기여하려고 할 때 그것이 곧 개인의 이익이 되는 그런 상태를 말한다.

3) 주관적 의식의 보편에서 객관적 현실로

칸트는 인간이라면 누구나 자신의 주관 안에 보편적 자기의식을 갖는다고 생각한다. 실천의 측면에서 보편적 자기의식은 실천이성이다. 실천이성은 우리에게 어떻게 행동하는 것이 도덕적으로 옳은지를 가르쳐 준다. 인간은 이성적 동물이며, 이성을 가진 인간이라면 누구나 이성이 가르쳐 주는 내용에 따라 무엇이 옳고 그른지를 안다. 이성이 가르쳐 주는 내용이 바로 도덕법칙이다.

그런데 헤겔은 칸트의 도덕법칙이 **주관적 의식**의 보편에 머물 뿐 **객관적 현실**에까지 높여지지 못했다고 비판한다. 칸트의 도덕법칙은 인간 주관에 공통된 것이지만 현실을 반영하지 못한다는 것이다. 가령 칸트의 도덕법칙은 '누구나 진리를 말해야 한다'라고 말하거나 '이웃을 사랑해야 한다'고 말한다. 하지만 헤겔은 이것만으로는 구체적으로 어떻게 행위해야 하는지 알 수 없다고 한다. 그래서 첫 번째 법칙에는 '진리를 안다면'이라는 전제가 필요하다. 왜냐하면 구체적 실천을 위해서는 진리가 무엇인지를 알아야 하며 그것이 중요하기 때문이다. 이러한 전제에 대한 지식이 없다면 법칙 자체는 추상적이다. '이웃을 사랑해야 한다'는 도덕법칙도 그것을 구체적 상황에 적용하며 실제로 행위하려면 사랑이라는 행위가 무엇인지, 어떻게 하는 것이 사랑인지 내용적으로 알아야 한다. 이러한 전제와 구체적 상황이 바로 세상에서 통용되는 현실이다.

헤겔에 따르면 칸트의 도덕법칙은 이러한 현실을 반영하고 있지 못하다. 그것이 보편적이라 할지라도, 그것은 주관적 의식 안에 머무는 보편이지 객관적 현실을 반영하여 거기에까지 내용적으로 높여지지 못했다. 그렇기 때문에 덕의 기사는 세상을 상대로 실천하는 가운데 좌절하게 된다. 이성은 보편적 자기의식이다. 하지만 이 보편성은 주관적 보편에만 머물 뿐 객관적 현실의 내용을 포함하고 있지 못하다. 그래서 이성은 세상이 자신의 뜻대로 되지 않음을 알고 좌절한다. 하지만 이성은 자연을 관찰하고 세상 속에서 실천하면서 객관적 현실에 대한 내용을 습득한다. 이러한 경험을 통해 **객관적 현실로 높여진 이성이 정신**이다.

4 | 정 신

이성은 보편적 자기의식이라고 자신을 확신하면서 자신의 방식대로 현실을 파악하려고 하였다. 하지만 이성이 갖는 보편적 자기의식은 개별적 자기의식 안에 있는 보편적 자기의식, 즉 각각의 개인들 속에 있는 공통의 능력이었다. 그런 의미에서 이성은 개인적 차원을 넘어서지 못한다. 칸트의 의식은 보편적 자기의식이지만 그것은 개인적 차원에서만 이성의 능력을 고려할 뿐, 객관적 현실과 원리적으로 분리되어 있다. 칸트적인 의식에 상응하는 이성은 아직 객관적 이성으로 높여지지 못한 **개별적 의식의 보편성**이었다. 하지만 진정한 의미의 보편적 자기의식이란 칸트가 말하는 모든 인간 주관에 공통된 의식을 말할 뿐만 아니라 객관적 현실 속에 그것의 내용으로서 담겨 있는 이성이어야 한다. 그것은 이성이 현실을 경험하면서 현실 속에 바로 자신이 원하는 이성의 내용이 실현되어 있음을 앎으로써 가능해진다. 이렇게 **현실 속에 실현된 이성**이 **정신**이다.

정신은 더 이상 **의식**의 한 형태가 아니다. 의식은 대상과 대립해 있는 것이지만 정신은 더 이상 자신의 밖에 대상을 갖지 않는다. 정신이 대상으로 삼는 것은 정신 자신이 자신을 부정하고 외화한 자신의 다른 모습에 다름 아니다. 이제 정신은 자기 밖의 다른 것이 아니라 자신을 파악한다. 그래서 정신 장에서 다루어지는 형상들은 더 이상 **의식**의 형상이 아니라 **세계**의 형상이다. 달리 말하면 이성 장까지는 의식이 자신의 실현을 통해서 정신에 도달하는 의식의 경험을 서술했다면, 정신 장에서는 그렇게 도달한 진리로서의 정신이 세계의 역사 속에서 어떻게 드러나는지를 보여 준다. 정신은 더 이상 자신의 밖에 있는 대상과 분리되어 있지 않기 때문에 그 자체로 진리다. 정신은 원리적으로 대상과 분리되어 있지 않고 자신을 부정하여 대상을 만들고 그것을 통해 자신을 안다. 그러므로 정신의 운동은 그 자체 진리가 스스로를 전개해 나가는 것이다.

1) 고대의 인륜성이 갖는 참된 정신

헤겔은 정신이 세계 속에서 스스로를 전개하는 첫 번째 형상을 '참된 정신', 진리적인 정신(der wahrhafte Geist)이라고 칭하며 그것의 역사적 모델을 고대의 인륜성에서 본다. 헤겔에 따르면 인륜성을 구현하고 있는 고대의 도시국가는 개인과 공동체가 자연적인 통일을 이루고 있다. 이 자연적인 통일 속에는 이전의 의식 형태들이 보여 준 분열이 더 이상 나타나지 않는 정신의 진리가 발견된다. 자연적 인륜성을 구현하는 고대 도시국가의 개인들은 국가와 분리 내지 대립을 느끼지 않고 국가 안에서 자유로운 시민으로서 살아간다. 하지만 이러한 자유는 아직 자각된 자유가 아니며, 개인은 자신이 자유롭다는 의식을 갖지 못한다. 자유에 대한 자각적 의식은 근대에서나 비로소 가능한 것이다.

인륜적 도시국가가 표방하는 정신은 참된 것, 진리적인 것이지만, 정신은 아직 자신의 진리에 대한 자각을 갖지 못하고 있다. 그래서 정신은 자기 자신을 반성하여 자기 자신이 진리임을 확신하여야 한다. 이를 위해 정신은 마치 아이가 천진난만한 상태를 벗어나 청년으로 발전해 나가듯 자신의 자체존재를 부정하여 독자존재로 나아가야 한다. 정신은 참된 정신으로서의 통일성을 벗어나 '소외된 정신(der sich entfremdete Geist)'으로 된다. 헤겔은 이렇게 정신이 소외되는 과정을 '도야(Bildung)'라고 칭한다. 정신은 도야되기 위해 천진난만한 자연적 통일 상태로부터 스스로 낯선 것이 되는 소외의 과정을 거쳐야 한다.

2) 도야의 과정 속에 있는 소외된 정신

헤겔은 중세의 신앙과 근세의 계몽이 이러한 정신의 자기소외를 대변한다고 한다. 그는 중세의 신앙 속에서 차안과 피안으로 분열된 세계를 보며, 중세의 신앙을 현실세계로부터의 도피로 파악한다. 근대 초기의 계몽주의는 신앙과 대립하는 자신의 순수한 통찰을 전파한다. 계몽주의는 신앙에서 정신의 영생과 성스러움을 제거해 버렸고 그것들을 지나가 버린 현실, 더 나아가 무지막지한 미신으로 간주한다. 헤겔이 보기에 계몽주의는 신앙에 반대하여 단지 인간의 권리만을 주장한다. 하늘 높은 줄 모르는 계몽적 이성은 프랑스혁명의 공포정치를 통해 '절대적 자유' 속에서 역설적으로 죽음의 공포를 경험한다. 헤겔은 프랑스혁명에서 루소의 일반의지가 실현되고 있음을 본다. 하지만 일반의지는 개별적 의식이 곧 보편적 의식이 되는 방식으로, 개별적 의식과 보편적 의식의 대립을 지양한다. 이러한 일반의지는 상호주관적 인정을 통해 형성된 보편이 아니라, 공포정치를 실행하는 개별자의 의지가 일반의지로서 천명되는 전체주의적 체제를 대변한다. 공포정치는 절대적 자유를 외치면서 모든 규정된 것들을 부정한다. 공포정치의 절대적 자유 안에는 어떤 특수성도 없다. 공포정치는 모든 규정된 것, 특수한 것에 대한 절대적 부정, 추상적 부정이다. 이러한 보편적 자유의 작품은 가장 잔인한 죽음이라는 인간에 대한 경멸일 뿐이다.

하지만 특수성에 대한 고려가 없이는 어떤 사회적 조직도 불가능하다. 그렇기 때문에 헤겔은 마치 유기적 신체가 사지와 장기 같은 여러 가지 분지를 갖고 있듯이, 사회적 조직도 농민, 상인, 노동자와 공무원 등 다양한 신분으로 분화되어 있어야 한다고 생각한다. 이 모든 구별을 파괴하고 추상적 부정을 일삼는 혁명은 어떠한 긍정적인 결과도 갖지 못하기 때문에 역사적으로도, 사상적으로도 궁극적인 것일 수 없다. 절대적 자유의 역설을 해소하기 위해 정신은 자기 자신을 파괴하는 현실성으로부터 벗어나 도덕성이라는 자기 자신을 확신하는 정신으로 되어야 한다.

3) 자기 자신을 확신하는 정신으로서 도덕성

중세적 분열에서 근세의 프랑스혁명에까지 이르는 도야를 경험한 소외된 정신은 칸트의 도덕철학에서 자기 자신을 확신하는 정신으로 된다. 전통적 관습이 규범으로 작용하는 방식은 그것이 이전에도 그렇게 통용되었다는 것이다. 칸트의 도덕철학은 도덕적 타당성의 근거가 '이전의 것'에 있는 것이 아니라 나의 양심에 있다는 사실, 따라서 자신의 실천이성을 통해 납득할수 있는 것만을 타당한 것으로 받아들이라는 자율에 기초한 자유의 정신을 설파한다. 이러한 의식적 자유의 정신은 근대 이전에는 인류가 경험하지 못했던 근대의 소중한 정신유산이다. 하지만 칸트의 윤리학은 이성과 경향성을 엄격히 구분하고, 인간에게 경향성을 배제한 채 실천이성이 명령하는 도덕법칙만을 따르라는 의무를 부과한다. 실러(F. Schiller)는 칸트의 윤리학이혐오감을 가지고서라도 도덕법칙을 수행하라고 명령하지만 자신은 기꺼이 마음에서 우러나서 친구를 돕는데 어쩌냐고 칸트의 주장을 비꼰다. 실러와 괴테(J. Goethe) 및 낭만주의 작가들은감정으로부터 유리된 칸트의 의무를 비판하면서, 자신의 내면의 자연적 감정에 따라 항상 도덕적으로 사고하고 행동하는 도덕적 천재를 이상적 인간상으로 그린다. 이들은 이렇게 고결한품성의 인간이 가지는 도덕적 천재성을 '아름다운 영혼'이라고부른다.

하지만 헤겔이 보기에 아름다운 영혼은 칸트에게는 분리되어있던 실천적 이성과 감정을 통일시키고 있지만 공포정치의 절대적 자유와 유사한 것이다. 아름다운 영혼은 개인이 갖는 주관적 양심의 내용을 보편적 도덕의 원리로서 천명한다. 따라서 이에 따르면 개인의 양심이 그에게 진정한 것이라면 그 자체로 타당한 것이 된다. 그렇다면 나치 독일군 장교가 유대인을 학살하는 것이 진정으로 애국이라고 생각한다면 그의 생각은 자신의 양심에 충실한 것이기 때문에 도덕적으로 정당화된다. 이것은 진정한 양심이 끔찍한 부도덕으로 전락할 수 있다는 양심의 아이러니를 보여 준다. 헤겔에 따르면 아름다운 영혼이 표방하는 진정한 양심은 자신의 절대적 자율에서 나와서 다른 주관과 매개되는 **상호주관적** 정신으로 이행해야 한다. 그에 따르면 가치는 **개별적** 주관의 **진정성**에 의해 정당화되는 것이 아니다. 오히려 개별성의 원리를 보편적 원리로 주장하는 것은 독단이며 도덕적으로 위험하다. 현실과 관계하는 것이 자신의 고결한 내면성을 더럽힐 것이라는 걱정에서 내면으로만 침잠하는 아름다운 영혼의 내용에는 어떤 현실성도 들어 있지 않다. 아름다운 영혼이 품은 진정한 양심은 다른 주관에게 자신의 타당성을 논증해야 하고 그에 의해 인정받아야 한다. 헤겔은 자기 자신을 확신하는 정신인 도덕적 양심이 상호주관성을 통해 현실적으로 되어야 한다고 생각하는 것이다.

5 │ 종 교

정신 장에서 전개된 정신의 형태들을 통하여 정신은 자신을 부정하여 자신을 대상으로 만들고 거기서 자신을 인식하고자 하였다. 하지만 정신은 자기 자신을 인식하지 못하였다. 마지막 정신의 형태인 도덕성도 정신의 **자기 확신**일 뿐 정신이 스스로를 인식하지는 못했다. 따라서 정신 장에서는 정신의 (대상)**의식**이 주제화되었다고 할 수 있다. 이제 종교는 '**자기 자신**을 정신으로서 **인식하는** 정신'이다. 여기서는 더 이상 세계의 내용과 같은 대상이 문제가 되지 않는다. 종교에서는 정신이 자연과 감각적 개별성을 통해 나타난다고 해도 거기서는 세계와 같이 다양한 내용 자체가 주제로 되는 것이 아니다. 자연과 개별성은 정신의 상징이고 계시로서만 문제된다. 따라서 종교는 정신의 **자기의식**이라고 할 수 있다. 자기 자신을 아는 정신은 형식상으로나 내용상으로나 더 이상 타자와의 분리를 갖지 않는 절대적인 정신이다. 하지만 종교는 이러한 절대정신이라는 자기인식을 자신의 본질과 불일치하는 형식으로 수행한다. 왜냐하면 종교는 절대자를 단지 **표상**할 뿐이기 때문이다. 가령 기독교는 신의 육화와 죽음이라는 과거의 사건을 교회라는 표상의 공동체를 통해 보편적인 정신으로 승화하여 함께 **기억**한다. 하지만 절대정신이 드러나는 계시의 필연적 연관을 **개념적**으로 파악하지 못한다. 반면에 철학적 인식인 절대지는 절대자를 개념적으로 인식한다.

1) 자연종교와 예술종교

헤겔은 종교에서 정신의 자기의식이 심화되는 과정을 세 단계로 서술한다. 첫 번째 단계는 자연종교로서 정신은 **자연 대상**들을 신격화한다. 자연종교는 빛의 종교인 조로아스터교(배화

교), 식물과 동물의 종교인 인도 종교, 피라미드를 건설한 이집트 종교를 말한다. 자연종교에서 절대자는 자기의식이 결여된 실체로서 현시된다. 자연적 형태로 표상되는 신은 인간 위에 군림하는 전제적 실체다. 여기서 인간은 자연에 압도되어 자신을 인간으로서 발견하지 못한다. 신은 인간에게 전적인 타자로서 나타나며 인간의 내면과 전혀 관계 맺지 못하고 있다. 자연종교를 지배하는 정신은 전제주의 정신이며, 자연종교는 공포의 종교다.

두 번째 단계인 예술종교는 여전히 실체적 형식을 띠고 있지만 여기에서는 신적인 것과 인간적인 것이 통일되어 있다. 예술종교는 그리스 종교에서 보듯이 인간의 **예술작품**을 통해 신을 형상화한다. 그리스인들은 자신의 활동을 통해 신의 형상을 정립함으로써 신적인 본질을 **인간화**한다. 예술종교에서 정신의 자기의식은 신의 조각상이나 신전과 같은 추상적 예술작품뿐만 아니라 축제와 제의와 같은 활동적 예술작품, 서사시 및 비극과 희극 같은 정신적 예술작품을 통해 자신을 전개한다. 그럼으로써 그것은 객관적 예술작품에서 주관성으로, 자연에서 정신으로, 실체에서 주체로 이행한다. 이것은 세 번째 단계의 종교인 계시종교로 나아가는 과정이기도 하다. 그리스인들의 종교적 삶은 공동체적 삶의 인륜적 토대를 형성한다. 그들은 인륜적 통일 속에서 자유롭고 행복한 삶을 영위한 민족이다. 정신을 외부로 현시하는 예술종교는 오직 **낮의 생명**만을 아는 종교다. 반면 정신의 현시, 신의 형상화를 부정하는 기독교는 **밤의 심연**에 잠겨 있는 종교다.

2) 계시종교

세 번째 단계의 종교인 계시종교는 기독교를 말한다. 헤겔은 기독교를 가장 완전한 최고 형태의 종교로 간주한다. 자기의식장의 불행한 의식에서 기독교는 개별의식이 보편과 합일하려는 주관적 측면에서만 고찰되었기 때문에 개별과 보편의 통일은 피안으로만 남았다. 거기서는 피안의 신이 인간에게 스스로를 ―신과 인간의― 통일로서 드러내는 운동은 얘기되지 않았다. 이제 계시종교에서 신의 육화, 즉 신이 인간으로 형상화되는 **계시**가 주제화된다.

아직 자연이나 세계로 외화되지 않은 정신인 로고스는 완전하지 못하다. 왜냐하면 그것은 자연으로부터 분리되어 있기 때문이다. 정신이란 현실적으로 자신을 부정할 때만 **현실적**이다. 그래서 로고스는 자신을 부정하여 자연이 된다. 정신은 자신을 부정하여 자연 속에서 자신을 정립하는 매개작용을 통해서만 자기 자신이다. 이같이 정신은 자신을 부정하여 타자화하고 **타자** 속에서 **자신**을 인식함으로써 자기동일성을 유지하는 **활동성**이다. 정신이 타자 속에서 자기 자신을 인식하고 자기로서 머문다는 것은 타자와 정신의 통일, 즉 실체와 주체, 감각적인 것과 정신적인 것, 개별과 보편, 유한자와 무한자의 통일을 의미한다. 정신이란 이같이 외화 속에서 자신을 인식함으로써 타자와 합일을 이루는 활동성이다.

신은 정신이다. 계시종교에서 인간적 본성과 신적 본성의 통일은 정태적인 통일이 아니라 하나의 생성이다. 로고스로서 **성부**는 **성자**로서, 육화된 신으로서 계시된다. 계시는 감각적 **소여**로서 드러나야 한다. 신의 인간화라는 계시는 신의 존재가 인간에게 알려지는 사건이다. 신은 인간이 됨으로써 자기 자신 안에 머무는 순수한 자기의식을 넘어서 타자로 드러나는 현실적 자기의식으로 된다. 하지만 직접적으로 현존하는 신은 **사라져야** 한다. 신은 더 이상 존재하지 않는다. 하지만 그는 존재했었다. 역사 속에 **감각적**으로 현존했던 신은 **정신**적인 현존으로 바뀌어야 한다. 신의 임재는 **교회 공동체**의 공통적인 **기억**을 통해 내면화되어 정신적 현존이 된다. 이것은 매개자인 그리스도의 죽음을 통해 정신이 외면적이고 낯선 현존재를 지양하고 자신으로 돌아감을 의미한다. 그것은 동시에 그럼으로써 신이 자기 자신을 **성령**으로 계시하는 것이다. 기독교는 신의 직접적인 임재가 정신적인 현존으로 전화되었다는 **정신**을 믿는다. 죽음의 죽음이라는 부활을 통해 신은 그것을 믿는 **공동체** 속에서 끊임없이 자신을 계시하면서 살아 있는 **정신**이다. 교회 공동체는 그 안에서 신의 육화가 영원성을 띠게 되는 성령에 다름 아니다. 이러한 공동체는 절대정신으로서 진리의 담지자다. 하지만 공동체는 이러한 진리를 단지 표상할 뿐, 그것이 어떻게 산출되는지를 인식하지는 못한다. 자기 자신을 전개함으로써 진리를 산출하는 운동은 절대지에 속하는 것이다.

6 | 절대지

종교와 절대지는 다 같이 '자기 자신을 아는 정신'이다. 정신이 더 이상 세계의 형태와 같은 대상을 통해서 자기 자신을 인식하려는 것이 아니라 단적으로 자기 자신을 인식할 때, 그러한 정신은 절대정신이다. 왜냐하면 그러한 정신은 비록 자신 안에서의 양상일지라도 낯선 대상의 형상에 관계하는 것이 아니라 오직 자기 자신에게만 관계하기 때문이다. 절대정신의 두 가지 형태는 종교와 절대지다. 종교는 절대정신을 **표상**의 방식으로 표현한다. 하지만 표상은 **감정**과 **개념**의 중간에 해당하는 심성의 능력으로서 아직 개념과 같은 명백한 지식이 아니다. 절대적인 정신을 **개념**의 형태로 파악하는 것이 절대지다. 절대지란 지금까지의 의식의 경험이 도달하고자 했던 목표지점이다. 지와 대상의 분리를 본성으로 하는 의식은 자신의 지를 대상과 통일시키려고 부단히 노력했다. 지와 대상을 통일시키려는 의식의 경험은 마침내 대상과 궁극적으로 통일되어 더 이상 분리되지 않는 절대지에 도달한다. 절대지는 자기 밖에 대상을 갖지 않기 때문에, 여기서 확실성과 진리는 일치한다. 이제 절대지가 자기 스스로 확신하는 것이 곧 진리다. 종교가 자기 자신을 표상적으로 인식하는 절대정신이었다면, 절대지는 자기 자신을 **개념적으로** 인식하는 **절대정신**이다. 절대지란 절대정신을 개념적인 형식으로 파악한다. 의식의 경험의 학에서 개념적으로 절대정신을 파악한다는 것은 절대정신을 의식의 형식으로 서술한다는 것이다. 의식의 형식으로 서술되기 위해 절대정신은 의식 속에 들어와야 한다. 절대정신이 의식의 형태로 나타난 모습이 바로 절대지다. 의식은 대상을 **지**로서 파악한다. 그렇기 때문에 비록 절대지가 **자신**을 대상으로 삼는다 하더라도, 절대정신이 **의식**의 형태로 등장한다면 그것은 절대**지**가 되어야 한다. **절대정신**은 **의식**의 경험의 마지막 단계에서 절대적인 **지**로서 현상한다. 절대정신이 의식에 현상한다는 것은 절대정신을 의식의 반성의 방식으로, 즉 개념적으로 서술한다는 것이다. 절대정신을 개념적으로 인식하는 절대지는 철학에 다름 아니다. 철학은 종교와는 달리 절대정신을 개념적으로 파악한다. 헤겔은 『정신현상학』의 마지막 단계인 종교 장과 절대지 장에서 **예술, 종교, 철학**을 **절대정신**의 세 가지 발전 단계로서 서술한다. 이것은 그의 체계를 서술한 『철학전서』의 마지막 부분에서 **절대정신**을 **예술**, 계시**종교, 철학**으로서 서술하는 것에 상응한다.

  감각적 확신이라는 출발점에서 보면 『정신현상학』은 의식이 **진리**라는 목표를 향해 **전진**하는 모험의 여정이다. 이 과정에서 각각의 의식 형태는 자신만이 진리라고 확신하지만 검사를 통해 자신의 지의 진리성을 상실한다. 하지만 논리적으로 보면, 한 의식 형태가 수행한 경험의 결과가 다음에 올 의식 형태의 경험의 출발점을 이루는 대상이 된다. 그렇기 때문에 논리적 연속성에 따라 볼 때, 의식의 경험의 계열들은 **하나의** 통일된 의식이 여러 가지 방식의 경험을 거쳐 정신에 이르는 과정으로 간주될 수 있다. 이 통일된 의식이 다름 아닌 **정신**이다. 의식은 끊임 없이 자신의 지와 대상을 합치시키려 한다. 따라서 **의식의 진리**는 지와 대상이 합치된 **정신**이다. 절대지라는 도달점에서 되돌아보면 의식의 경험의 전진적 과정은 **정신이 의식 속에 현상**하면서 스스로를 전개하는 과정에 다름 아니다. 의식의 도야의 역사는 정신의 현상이었으며, 의식의 경험의 학은 정신의 현상학이었다. 그렇다면 정신은 왜 현상하는가? 그것은 "정신"이 "인식"하는 "운동"이기 때문이다.(PhG, 585/558) "자기 자신을 인식하는 정신"은 자기구별 행위를 통해 "감각적 확신" 등의 의식 형태들로 "자신을 방면"한다.(PhG, 589f./563) 정신은 "자기 자신을 외화시켜서 자신의 실체 속에 잠겨 있다가 이 실체로부터 주체로서 자기 자신으로 되돌아가는 운동"이다.(PhG, 587/561) 이렇게 정신은 **개념적으로** 자기 자신을 인식하는 것이다. 이것은 마치 종교가 계시의 과정을 통해 자신을 인식하는 정신이었던 것과 마찬가지다. 정신의 자기인식은 정신이 "정신 자신인 바의 것으로 되는 것"이다.(PhG, 585/558) 따라서 『정신현상학』의 과정은 "**자체적인 것이 독자적인 것으로, 실체가 주체로, 의식의 대상이 자기의식의 대상으로**, 즉 지양된 대상 혹은 **개념**으로 전환"됨으로써 정신이 "자기 자신으로 돌아가" 자신을 인식하게 되는 과정이다.(PhG, 585/558f.) 정신의 개념적 자기의식인 절대지에 이르러 의식은 의식, 자기의식, 이성, 정신, 종교에 걸치는 지금까지의 모든 여정이 정신이 자신을 알아 가는 과정이었음을 안다. 전에 그 자체로 존재하는 실체처럼 보였던 것들은 사실상 정신이라는 주체에 의해 관통되어 규정되었던 것들이다. 지금까지 모든 의식 형태들이 파악했던 대상의 내용은 결국 정신이 그 속에서 자신을 인식하는 정신의 자기인식의 내용에 다름 아니다.

정신은 스스로가 자신을 분리하여 자신의 다른 모습으로서 대상을 만들어 내고 대상을 인식함으로써 자신을 인식한다. 이러한 정신의 인식 속에는 지금까지 여러 형태의 의식들이 각기 자신의 방식대로 추구하였던 진리의 내용들이 포함되어 있다. 왜냐하면 한 의식의 형태가 지양되어 보다 높은 의식의 형태에 포함되는 방식으로 의식의 경험이 진행되어 왔기 때문에, 마지막 단계의 정신은 앞의 모든 형태들이 파악한 진리의 내용을 포함하고 있기 때문이다. 의식의 경험의 목표인 "절대지 혹은 자신이 정신임을 아는 정신"은 "자신이 걸어온 길"에 대한 "기억"을 갖고 있다.(PhG, 591/433) 그것은 "현존"하는 **의식**의 측면에서는 "**역사**"로서, "**현상지의 학문**"이라는 측면에서는 "**개념**적 체계"로서 절대지 속에 보존되어 있다. 『정신현상학』의 과정은 이 둘의 종합으로서 "**개념적으로 파악된 역사**"다. 헤겔에 따르면 의식의 경험을 개념적으로 파악하는 경험의 과정은 "골고다의 언덕"에 비유될 수 있는 "절대정신"의 고통스러운 "기억"이며 "절대정신의 가시면류관"이 보여 주는 "현실이자 진리이고 확실성이다". 회의와 절망으로 점철되었던 의식의 경험의 고통스러운 과정이 없다면 절대정신은 "생명력 없는 고독"에 불과한 것일 것이다. 이러한 시련과 고난의 과정을 거쳐 완성된 절대지로부터 "절대정신의 무한성"이 피어오른다.(PhG, 591/434, 강조는 나의 것)

말하자면 지난한 경험의 과정을 통해 도달된 의식의 경험의 학의 종점은 절대적 진리의 영역이다. 『정신현상학』의 **목적지**인 절대지는 동시에 아직 실재로서 나타나기 이전에 신의 머릿속에 있는 세계의 순수한 이념을 서술하는 『논리의 학』의 **출발점**이다.

정신현상학 서론
(Einleitung)

[1] 철학에서 사태 자체로, 즉 진리 속에 있는 것에 대한 현실적 인식으로 나아가기 이전에, 인식에 대해서 미리 이해해 두는 것이 필요하다는 생각은 자연스러운 것이다. 이때의 인식은 절대자를 장악하는 도구이거나, 혹은 절대자를 발견하는 통로인 수단으로서 고찰된다. 한편으로 여러 종류의 인식이 있으며 그 가운데 어떤 인식은 다른 인식보다 이러한 [절대자를 파악하거나 장악하려는] 궁극 목적에 도달하는 데에 있어서 보다 능숙할 것이고, 그렇기에 인식들 가운데 잘못된 선택도 있을 것이라는 걱정, 그리고 다른 한편으로 인식은 특정한 종류와 범위의 능력이기에 그것의 본성과 한계를 보다 정확하게 규정하지 않는다면 진리의 하늘 대신에 오류의 구름을 붙잡게 될 것이라는 걱정은 정당한 것처럼 보인다. 이러한 걱정은 아마도 다음과 같은 확신, 다시 말해 그 자체로(an sich) 있는 것을 인식을 통해 의식에서 획득하려고 하는 온전한 시작이 그 개념상[본질상] 모순적이며, 인식과 절대자 사이에 그것들을 단적으로 가르는 한계가 놓여 있다는 확신으로까지 전화될 것임에 틀림없다. 왜냐하면 만약 인식이 절대적 존재를 장악하는 도구라고 한다면, 도구를 사태에 적용하는 것은 오히려 사태를 독자적인(für sich) 바대로 놓아두는 것이 아니라, 그러한 적용과 더불어 형태를 주고 변화시키게 된다는 사실이 두드러지기 때문이다. 혹은 인식이 우리 행위의 도구가 아니라 어느 정도 진리의 빛이 우리에게 도

달하는 수동적인 매체라고 한다면, 우리는 자체적인(an sich) 바의 진리를 얻는 것이 아니라 이러한 매체에 의해서, 이러한 매체 속에 존재하는 바의 진리를 얻게 된다. 이러한 두 경우에 우리는 하나의 수단을 사용하는데, 이 수단은 직접적으로 그것이 목적으로 하는 바의 반대를 야기한다. 모순적인 것은 오히려 우리가 일반적으로 수단을 사용한다는 사실이다. 실로 이러한 난점은 **도구**의 작용 방식을 앎으로써 피할 수 있을 것같이 보인다. 왜냐하면 우리가 도구의 작용 방식을 아는 것은, 우리가 도구를 통해서 절대자(das Absolute)에 대해 얻는 표상 속에서 도구에 속하는 부분을 결과 가운데에서 떼어 내는 것을 가능케 하며, 그럼으로써 참된 것을 순수하게 얻을 수 있게 해 줄 것 같기 때문이다. 그러나 이러한 개선은 사실 우리를 원점으로 되돌려 놓게 될 것이다. 우리가 변형된 사물로부터 도구가 거기에 가한 것을 다시 떼어 낸다면, 우리에게는 또다시 이러한 불필요한 노력이 가해지기 이전만큼의 사물이 —여기서는 절대자가— 주어진다. 마치 아교를 바른 나뭇가지를 가지고 새를 잡는 것처럼, 우리가 도구를 통해서 절대자에 어떤 변형을 가하지 않은 채 절대자에 보다 가까이 다가가야 한다면, 그 자체로(an und für sich) 우리 곁에 있지 않고 곁에 있으려 하지도 않는 절대자는 아마도 이러한 간계를 조롱할 것이다. 왜냐하면 [실제로는] 단지 직접적이고 따라서 수고를 전혀 필요로 하지 않는 관계만을 드러내면 될 뿐인데도, 그와 전혀 다른 일을 다각적인 노력을 통해서 추구하는 듯한 외관을 꾸미는 인식은, 그렇기 때문에 이 경우에

간계일 것이기 때문이다. 혹은 **매체**로서 표상하는 인식의 검사가 우리에게 광선 굴절의 법칙을 알려 준다면, 그 결과에서 광선의 굴절을 빼 버리는 것은 마찬가지로 소용없는 일이다. 왜냐하면, 인식은 빛의 굴절이 아니라 진리가 우리에게 주어지는 빛 자체인 것이고, 만약 이러한 빛의 굴절을 떼어 낸다면 우리에게는 순수한 방향과 공허한 장소만이 지시될 것이기 때문이다.

[2] 그러나 오류에 빠질까 걱정하는 것이, 그러한 의혹 없이 작업 자체에 착수하여 현실적으로 인식하는 학문[철학]에 일종의 불신을 가져온다면, 왜 거꾸로 이러한 불신에 대한 불신이 제기되어서는 안 되며, 오류에 빠질까 두려워하는 것이 이미 오류 자체가 아닐까 하는 걱정이 제기되어서는 안 되는지의 이유가 간과되어서는 안 된다. 사실상 이러한 걱정은, 무언가를, 더욱이 많은 것을 진리로 전제하며, 이러한 걱정에 의해 제기되는 의혹들과 그 귀결들은 그 자체 진리 여부가 사전에 검사되어야만 하는 것에 근거하고 있다. 이러한 걱정은 말하자면 **인식을 도구 및 매체**로서 **표상(Vorstellung)하는 것**을 전제하며, 또한 **이러한 인식으로부터 우리 자신을 구별하는 것**을 전제한다. 그러나 특히 절대자가 **한편에** 서 있으며, **인식이 다른 한편에** 독자적으로 절대자와 분리되어 있으면서도 실질적인 것(Reelles)이라는 사실을 전제한다. 다시 말해서 그럼으로써 걱정은, 절대자의 바깥에 있기에 아마도 진리의 바깥에 있을 인식이 그럼에도 불구하고 참된 것이라는 사실을 전제한다. 이러한 가정에 의해서 오류에 대한

공포라고 불리는 것이 오히려 진리에 대한 공포로서 인식된다.

[3] 이러한 귀결은 '절대자만이 참이며, 참된 것만이 절대적이다'라는 사실로부터 생겨난다. 이러한 귀결은 다음과 같은 구별에 의해서, 즉 실로 학문이 하고자 하는 것처럼 절대자를 인식하지는 않지만 그래도 참인 인식이 있으며, 절대자를 파악할수 없는 인식 일반도 다른 진리를 파악할 수 있다는 등의 구별에 의해서 부정될 수 있다. 그러나 우리는 결국 그러한 횡설수설이 절대적인 참과 그렇지 않은 참 사이의 모호한 구별로 귀결된다는 사실과 절대자, 인식 등은 우리가 비로소 도달해야만 할의미를 전제하고 있는 단어들이라는 사실을 보게 될 것이다.

[4] 그러한 절대자를 얻으려는 도구로서의 인식 혹은 절대자를 발견하는 통로인 매체로서의 인식 등에 대한 쓸모없는 생각들과 허튼소리들 ─여기에는 아마도 절대자로부터 분리된 인식에 대한, 인식으로부터 분리되어 있는 절대자에 대한 이러한 모든 생각들이 귀결될 상황이 포함되어 있다─ 대신에, 학문의 수고로부터는 벗어나면서도 동시에 진지하고 열정적인 수고의 외관을 띠기 위해서, 학문의 무능력이 그러한 [절대자와 인식의 분리에 대한 생각들이 귀결될] 상황을 전제함으로써 만들어 내는 핑계대신에, 또한 이러한 모든 것들에 대한 대답과 계속 씨름을 하는 대신에, 우리는 그러한 것들을 우연적이고 자의적인 생각들로서 [간주하여] 곧바로 폐기할 수 있을 것이다. 그리고 그와 관

련하여 그 의미가 일반적으로 주지된 것으로서 전제된 절대자, 인식, 객관적인 것, 주관적인 것, 그 밖의 수많은 다른 말들의 사용을 심지어 기만으로서 간주할 수도 있을 것이다. 왜냐하면 한 편으로 그것의 의미가 보편적으로 주지되어 있으며 다른 한편으로 누구나 그것들의 개념을 가지고 있다는 근거 없는 주장 때문에, 오히려 이러한 개념을 제공해야 하는 주요한 과제만이 면제되어야 하는 것처럼 보이기 때문이다. 이런 주요한 과제가 면제된다기보다는, 학문 자체를 거부하려고 하는 그러한 생각들과 허튼소리들에 대해서 주목을 하는 수고를 아끼는 것이 오히려 보다 정당하다고 할 수 있을 것이다. 왜냐하면 그러한 생각들과 허튼소리들은 지의 공허한 현상일 뿐이며, 그것들은 출현하는 학문 앞에서는 직접적으로 소멸되어 버리기 때문이다. 그러나 학문은 자신이 출현하는 국면에서는 그 자체가 하나의 현상이다. 즉 학문의 출현은 아직 진리 속에서 수행되고 전개된 학문은 아니다. 이 경우에[학문이 출현할 때] 학문이 **다른 것과 나란히** 출현하기 때문에 **학문**을 현상이라고 표상하거나, 전술한 여타의 허위적인 지[허튼소리]를 학문의 현상이라고 명명하거나 간에 아무런 상관이 없다. 그러나 학문은 이러한 가상으로부터 벗어나야 한다. 그리고 학문은 가상에 대해서 등을 돌림으로써만 그 일을 할 수 있다. 왜냐하면 학문은 참되지 않은 지를 사물들에 대한 조야한 견해로 [간주하여] 단지 거부해 버리고, 자신은 완전히 다른 인식이며 앞서 말한 저 지식은 자신에게서는 아무 것도 아니라고 확언할 수도 없고, 또한 참되지 못한 지(Wissen)

속에서 보다 더 나은 지가 있을 것이라고 예감(Ahnung)하는 것을 요구할 수도 없기 때문이다. 저러한 **확언**(Versicherung)을 통해서 학문은 자신의 **존재**를 자신의 힘으로서 공언한다. 그러나 참되지 않은 지도 마찬가지로 자신이 **존재한다**는 사실에 호소하며 자신에게 있어서는 학문이 아무것도 아니라고 **확언한다**. 그렇지만 **하나의** 무미건조한[성과 없는] 확언은 바로 다른 확언만큼만 타당한 것이다. 더욱이 학문은 참되지 않은 인식 속에 있으면서 그러한 인식 자체 속에서 학문을 지시하는 보다 나은 예감에 호소할 수도 없다. 왜냐하면 한편으로 학문은 마찬가지로 다시금 존재에 호소할 것이지만, 다른 한편으로 참되지 않은 인식 속에 있는 방식으로서의 자기 자신에, 즉 자신의 존재의 좋지 않은 방식에, 그리고 그 자체로 있는 자기 자신보다는 자신의 현상에 호소하고 있기 때문이다. 이러한 이유에서 여기에서는 현상하는 지의 서술을 취해야만 한다.

[5] 이제 이러한 서술은 현상지(das erscheinende Wissen)만을 대상으로 삼기 때문에, 그 자체 자유로운, 즉 자신의 고유한 형태 속에서 운동하는 학문이 아닌 것처럼 보인다. 그것은 오히려 이러한 관점에서 볼 때 참된 지를 향하여 돌진하는 자연적 의식의 길로서 간주될 수 있다. 다시 말해 영혼이 자신의 본성에 따라 자신 앞에 놓인 정류장으로서의 자신의 형태들의 계열을 관통해 나아가서, 자기 자신에 대한 온전한 경험을 통해 그 자체로 (an sich) 있는 바의 자기 자신을 알게 되면서 자신을 정신으로 순

화해 나아가는 영혼의 길로서 간주될 수 있다.

[6] 자연적 의식은 단지 지의 개념일 뿐이라는 점, 다시 말해서 실재적이지 않은 지라는 점이 입증될 것이다. 그런데도 자연적 의식은 오히려 직접적으로 자기 자신을 실재적인 지로 간주하기 때문에, 이러한 길이 자연적인 의식에게는 부정적인 의미를 지니게 되며, [실제로는] 개념의 실현인 것이 자연적 의식에게는 오히려 자기 자신의 상실로 간주된다. 왜냐하면 자연적 의식은 이러한 길 위에서 자신의 진리를 상실하기 때문이다. 그렇기 때문에 이러한 길은 회의(Zweifel)의 길로서 혹은 보다 본래적인 의미로 말하자면 절망(Verzweiflung)의 길로서 간주될 수 있다. 왜냐하면 이러한 길에서는 회의라는 말에 대해서 흔히 이해되어 왔던 것과는 다른 것이 일어나기 때문이다. 즉 이러저러하게 추측된 진리를 동요시킨 후 그에 상응하는 이러한 의심의 재소멸과 앞서 말한 진리로의 복귀가 뒤따르며, 그리하여 결국 사태가 예전과 동일하게 취해지는 일은 일어나지 않는다. 이러한 길은 오히려 현실적으로는 실현되지 않은 개념일 뿐인 것을 가장 실재적인 것이라고 여기는 현상지의 비진리를 의식적으로 통찰하는 것이다. 이러한 자신을 완성해 가는 회의주의(der sich vollbringende Skeptizismus)는 그렇다고 해서, 진리와 학문에 대한 진지한 열의가 이러한 회의주의적 태도와 함께 스스로 진리와 학문을 위해 만반의 준비가 되어 있다고 착각하게끔 하는 것도 아니다. 말하자면 그것은 학문을 함에 있어서 권위에 눌려

다른 이의 사상에 복종하려 하지 않고 모든 것을 스스로 검사하고 고유한 확신에만 따르려고 하는, 보다 정확히 말해서 모든 것을 스스로 산출하고 고유한 행위만을 참된 것으로 간주하려는 **결의**(Vorsatz)는 아니다. 이러한 길에서 의식이 거쳐 나가는 자신의 형태들의 계열은 오히려 학문을 향해 가는 의식 자신의 **도야**(Bildung)의 상세한 역사이다. 앞서 말한 결의는 결의라는 단순한 방식으로 이러한 도야를 직접적으로 수행되고 발생한 것으로서 표상한다. 그러나 이러한 길은 이러한 비진리와는 다르게 현실적으로 수행되는 것이다. 고유한 확신에 따른다는 것은 물론 권위에 복종하는 것 이상이다. 그러나 권위로부터 나오는 의견(Dafürhalten)이 고유한 확신으로부터 나오는 의견으로 전도된다고 해서 의견의 내용이 필연적으로 변화되고 오류 대신에 진리가 등장하는 것은 아니다. 다른 이의 권위에 의존하든, 고유한 확신에 따라서든 간에 사념과 편견의 체계 속에 존재한다는 것은 후자에 내재하는 허영심에 의해서만 서로 구별된다. 반면에 자신을 현상하는 의식의 전 범위로 향하게 하는 회의주의는 소위 자연적 표상들, 사상들 및 사견들에 대한 절망을 초래하면서 비로소 정신으로 하여금 진리성 여부를 능숙하게 검사하도록 만든다. 그러한 것들[표상.사상.사견]이 자신의 것이든 남의 것이든 상관이 없으며, **이제 막** 검사에 착수하려는 의식은 여전히 그러한 것들로 충만하고 그것들에 결부되어 있다. 그러나 그렇기 때문에 그러한 것들에 사로잡혀 있는 의식은 자신이 기도하는 것을 사실상 실행할 수 없다.

[7] 실재적이지 않은 의식의 형식들의 **완전성**(Vollständigkeit)은 진행과 연관의 필연성에 의해서 생기게 된다. 이러한 점을 개념적으로 파악하기 위해서 일반적으로 미리 주목할 수 있는 사실은 자신의 비진리 속에 있는 참되지 않은 의식의 서술이 한갓 **부정적인** 운동일 뿐인 것은 아니라는 점이다. 자연적 의식 일반은 참되지 않은 의식을 서술하는 데에 있어서 그러한 일면적인 견해를 지닌다. 이러한 일면성을 자신의 본질로 삼는 지는 [자연적 의식의] 길의 진행 속에 속하며 그 가운데서 드러나게 되는 불완전한 의식의 형태들 가운데 하나이다. 이 일면적인 견해는 결과 속에서 항상 단지 **순수한 무**(Nichts)만을 보고, 이러한 무가 분명히 그 **무를 결과로 산출한 것의** 무라는 사실은 추상해 버리는 회의주의이다. 그러나 무는 그것을 도래시킨 것의 무로서 간주될 때에만 사실상 참된 결과이다. 그 무는 이로써 그 자체 **규정된**(bestimmt) 무이고, 하나의 **내용**을 갖는다. 무나 공허함이라는 추상성으로 끝나 버리는 회의주의는 이러한 추상성으로부터 한 걸음도 벗어날 수 없고, 혹시 새로운 것이 나타나지는 않는지 또는 어떤 새로운 것이 나타나는지를 기다릴 뿐이며, 새로운 것이 나타나자마자 그것을 텅 빈 심연으로 내던질 뿐이다. 이와 반대로 진리 안에 있는 결과는 **규정적** 부정(bestimmte Negation)으로 파악됨으로써 이와 함께 직접적으로 새로운 형식이 생겨나고 부정 속에서 이행이 이루어지며, 그럼으로써 의식의 형태들의 완전한 계열에 의한 진행이 그 자체로 이루어진다.

[8] 하지만 **목표**(Ziel)는 진행의 계열이 그러한 것처럼 지 안에 필연적으로 놓여 있다. 지가 자기 자신을 발견하고 개념이 대상에 일치하며 대상이 개념에 일치하는 곳이 지가 더 이상 자신을 넘어설 필요가 없는 곳이다. 따라서 이러한 목표로의 진행은 끊임없는 것이며 이전의 어떤 단계에서도 만족할 수 없는 것이다. 자연적 삶에 제한된 것은 자기 자신을 통해서는 자기 자신의 직접적 현존재를 넘어설 수 없지만 타자에 의해서는 자신을 넘어설 수 있으며 이 자신을 넘어서는 찢겨짐이 죽음이다. 하지만 의식은 그 자체로 볼 때(für sich selbst) 자신의 **개념**(Begriff)이며, 그렇기 때문에 개념을 통해 직접적으로 제한된 것을 넘어섬이고, 이 제한된 것이 의식에 속하는 것이므로, 또한 자기 자신을 넘어섬이다. 개별적인 것과 함께 의식에는 피안이 동시에 정립되는데, 이 피안은 공간적 직관에서처럼 단지 제한된 것 **곁에**(neben) 있는 것이다. 따라서 의식은 자신의 제한적인 만족을 파괴하는 이러한 폭력을 스스로 감수한다. 이러한 폭력을 느끼면서 진리에 대한 두려움은 감소할 수도 있고, 상실의 위기에 처한 의식은 스스로를 유지하고자 노력할지도 모른다. 하지만 이러한 진리에 대한 두려움은, 그 두려움이 무사고의 나태함에 머무르고자 하든가 ―사고는 무사고성(Gedankenlosigkeit)을 방해하고 사고의 불안(Unruhe)은 나태함(Trägheit)을 방해한다― 혹은 모든 것을 **그 모든 것 자신의 방식대로 만족할 만한 것으로** 확언해 버리는 감상주의(Empfindsamkeit)로 고착되든가 간에, 어떠한 안정도 취할 수가 없다. 이러한 확언(Versicherung)은 마찬가지로 이성

에 의한 폭력을 감수해야 하는데 이성은 어떤 것이 하나의 방식인 한, 바로 그렇기 때문에 그것에 만족하지 못한다. 그렇지 않으면 진리에 대한 두려움은 자신과 다른 사람들 앞에서 다음과 같은 가상 뒤에 숨어 버릴 것이다. 즉 마치 바로 진리 자체에 대한 뜨거운 열의가 의식에게, 자기 자신으로부터 또는 다른 사람으로부터 지니게 되는 모든 사상들보다 자신이 항상 훨씬 뛰어난 사상이라고 생각하는 허영심이라는 유일한 진리 이외에 다른 진리를 발견하는 것을 어렵게 아니 불가능하게 만드는 가상 뒤에 숨어 버릴 것이다. 이렇게 모든 진리를 헛되게 하는 허영심, 그로부터 자기 자신 속으로 되돌아와서 모든 사상을 항상 해체해 버리고 모든 내용 대신에 오직 메마른 자기만을 발견할 줄 아는 이러한 자신의 지성에서 기쁨을 느끼는 허영심은 스스로를 자신에게 떠맡길 수밖에 없는 만족이다. 왜냐하면 만족은 보편을 회피하고 자기 자신만을 추구하기 때문이다.

[9] 이와 같이 잠정적이고 일반적으로 진행의 방식과 필연성에 대해 말해진 것처럼, **수행**(Ausführung)**의 방법**에 대해서도 무언가를 상기해 보는 것이 유익할 것이다. **현상하는** 지에 대한 **학문의 태도**(Verhalten)**로서** 그리고 **인식의 실재성에 대한 탐구와 검사**(Untersuchung und Prüfung der Realität des Erkennens)**로서** 표상되는 이러한 서술은 척도(Maßstab)로서 근저에 놓이는 어떠한 전제 없이는 행해질 수 없는 것처럼 보인다. 왜냐하면 검사는 가정된 척도를 [문제되는 사태에] 갖다 대는 것이며, 검사되는 것과 척도

와의 동등성이나 부등성 여부의 결과에 따라 검사되는 것의 옳고 그름이 결정되기 때문이다. 이때[이러한 검사를 수행할 때] 척도 일반은, 그리고 만약 학문이 척도라면, 마찬가지로 학문도 **본질**(Wesen) 혹은 **자체적인 것**(das Ansich)으로서 가정된다. 하지만 학문이 처음으로 출현하는 이곳에서는 학문 자체나 척도라고 하는 것이나 모두 본질이나 자체적인 것(das Ansich)으로서 정당화될 수 없다. 그리고 이러한 본질이나 자체적인 것 없이는 어떠한 검사도 행해질 수 없을 것처럼 보인다.

[10] 이러한 모순과 그 모순의 제거는 먼저 지와 진리라고 하는 추상적 규정들이 의식에 어떻게 나타나는가를 기억해 보면 좀 더 분명하게 드러나게 된다. 말하자면 의식은 자신이 **관계하는** 어떤 것을 자신으로부터 **구별한다.** 달리 말하면 그 어떤 것은 **의식에 대한** 어떤 것이다. 이러한 **관계 맺음**(Beziehen)의 규정적 측면, 다시 말해서 **어떤 것의 의식에 대한 존재**(Sein von etwas für ein Bewußtsein)가 지(Wissen)다. 하지만 우리는 타자에 대한 이러한 존재와 **자체존재**(Ansichsein)를 구분한다. 지와 관계를 맺고 있는 것은 마찬가지로 지와 구분되며 이러한 관계를 떠나서도 **존재하는**(seiend) 것으로 정립된다. 이러한 자체적인 것의 측면이 **진리**(Wahrheit)라고 불리는 것이다. 이러한 규정들에 본래적으로 존재하는 것이 무엇인지는 지금 우리에게 더 이상 문제되지 않는다. 왜냐하면 현상하는 지가 우리의 대상이기 때문에 우선 직접적으로 드러나는 현상지의 규정들이 채택되고 있기 때문이다.

현상지의 규정들은 아마도 그것들이 파악되는 바대로 드러날 것이다.

[11] 우리가 이제 지의 진리를 탐구한다고 할 때, 그것은 우리가 지 **자체**(an sich)가 무엇인지를 탐구하는 것처럼 보인다. 하지만 이러한 탐구에서 지는 **우리의** 대상이며 지는 **우리에 대하여**(für uns) 있는 것이다. 그래서 결과하게 될 지의 자체적인 것(Ansich)도 오히려 **우리에 대한** 그것의 존재일 것이다. 우리가 그것의 본질로서 주장하는 것은 그것의 진리가 아니라 단지 그것에 관한 우리의 지일뿐일 것이다. 본질이나 척도는 우리에게 귀속될 것이며, 척도와 비교되고 이러한 비교를 통해 결정되어야 하는 것은 척도를 인정할 필요가 없을는지도 모른다.

[12] 그러나 우리가 탐구하고 있는 대상의 본성은 이러한 분리 혹은 이러한 분리와 전제라는 가상을 넘어선다. 의식은 자신의 척도를 자기 자신에게 부여하며 그럼으로써 탐구는 의식과 의식 자신의 비교가 된다. 왜냐하면 바로 그렇게 행해진 구분은 의식에 귀속되기 때문이다. 의식은 의식 속에서 타자에 **대하여**(für ein Anderes) 존재하는 어떤 것이다. 즉, 의식은 일반적으로 지의 계기라는 규정성을 자기 자신에게서(an ihm) 지니고 있다. 동시에 의식에 있어서 이 타자는 단지 **의식에 대하여**(für es) 있는 것일 뿐만이 아니라, 이러한 관계 바깥에 혹은 **그 자체로**(an sich) 존재하는 진리의 계기이기도 하다. 따라서 의식이 의식 내에서 **자**

체적인 것(Ansich)이나 **참인 것**(das Wahre)으로 언명하는 것에서, 우리는 의식 자신의 지를 거기에 맞춰 측정하기 위해 의식 스스로가 설정하는 척도를 갖는다. 우리가 **지**를 **개념**이라고 칭하고 본질이나 **참인 것**을 존재자 또는 **대상**이라고 칭한다면, 검사는 개념이 대상에 상응하는 지를 관망(zusehen)하는 데 있다. 하지만 우리가 **본질** 혹은 **대상의** 자체적인 것(Ansich)을 **개념**이라고 칭하고 이와 반대로 대상을 **대상**으로서의 대상, 말하자면 **타자에 대해** 존재하는 대상으로서 이해한다면, 검사는 대상이 자신의 개념에 합치하는지의 여부를 우리가 관망하는 데에서 성립한다. 우리는 이 두 가지가 동일한 것이라는 것을 알 수 있을 것이다. 하지만 본질적인 것은 전체 탐구를 위해서 다음과 같은 사실을 확정하는 것이다. 즉 **개념과 대상, 대타적 존재**(Für-ein-Anderes-Sein)와 **자체적인 존재**(An-sich-selbst-Sein)라는 이 두 가지 계기가 우리가 탐구하는 지 자체에 귀속되며, 그렇기 때문에 우리는 척도들을 가지고 올 필요가 없으며 **우리의** 착상과 생각들을 탐구에 적용할 필요가 없다는 것이다. 이러한 착상과 생각들을 버림으로써 우리는 사태를 **그 자체로**(an und für sich) 고찰할 수 있게 된다.

[13] 하지만 개념과 대상, 척도와 검사될 것이 의식 자체 속에 현존한다는 이러한 측면에서 볼 때 우리에 의한 부가(Zutat)는 필요 없게 될 뿐만 아니라 또한 우리는 양자를 비교하거나 엄격한 의미에서 **검사**하는 수고도 면하게 된다. 그래서 의식이 스스

로를 검사하기 때문에 이러한 점에서도 우리에게는 단지 순수한 관망(das reine Zusehen)만이 남게 된다. 왜냐하면 의식은 한편으로는 대상에 관한 의식이며, 다른 한편으로는 자기 자신에 관한 의식이기 때문이다. 다시 말하면 의식은 의식에 있어서 참인 것(das Wahre)에 관한 의식이자 그 참인 것에 대한 의식의 지에 관한 의식이다. 이 두 가지가 **동일한 의식에 대해** 존재하기 때문에 의식 자체는 그 두 가지의 비교이다. 즉 대상에 대한 의식의 지가 대상에 일치하는지 그렇지 않은지 하는 것이 **동일한 의식에 대해** 생겨나는 것이다. 대상은 실로 의식에 대해서 그 의식이 대상을 알고 있는 바대로만 존재하는 것처럼 보인다. 말하자면 의식은 의식에 대한 대상이 아닌 대상 그 자체는 발견할 수 없는 것처럼 보인다. 따라서 의식은 자신의 지 또한 대상에서[대상을 척도로 하여] 검사할 수는 없는 것처럼 보인다. 그러나 의식이 대상에 대해 알고 있다는 바로 이 점에서 이미, **의식에 있어서** 어떤 것은 **자체적인 것**이지만 또 다른 계기는 지, 다시 말해서 의식에 **대한** 대상의 존재(Sein des Gegenstandes für das Bewußtsein)라고 하는 구별이 현존한다. 현존하는 이러한 구별 위에 검사가 기초한다. 이와 같은 비교 속에서 양자가 일치하지 않는다면 의식은 자신을 대상에 합치시키기 위해서 자신의 지를 변경해야만 하는 것처럼 보인다. 하지만 지가 변경되는 가운데 의식에 있어서는 사실상 대상 자체 또한 변화된다. 왜냐하면 현존하는 지는 본질적으로 대상에 대한 지였기 때문이다. 지와 함께 대상 또한 다른 대상이 되는데, 왜냐하면 대상은 본질적으로 이 지에 속하

는 것이었기 때문이다. 이로써 의식에게는, 이전에 자체적인 것
이었던 것이 자체적인 것이 아니라는 사실, 혹은 자체적인 것은
단지 **의식에 대해서만** 자체적이었다는 사실이 발생한다. 따라서
의식이 자신의 대상에서 자신의 지가 이 대상과 합치되지 않음
을 발견하면서, 대상 자체 또한 견딜 수 없게 된다. 다시 말해서
대상을 척도로 삼아야 하는 것이 검사에서 불합격하면 검사의
척도가 변화하는 것이다. 그리고 검사는 지에 대한 검사일 뿐만
아니라 검사의 척도에 대한 검사이기도 하다.

[**14**] 의식이 그 자신에게, 즉 그의 지에 대해서뿐만 아니라
그의 대상에 대해서도 행하는 ─**그런 한에서 의식에게 새로운 참**
된 대상이 발생하는(entspringt)─ 이러한 **변증법적** 운동(dialektische
Bewegung)은 본래 **경험**(Erfahrung)이라 불리는 것이다. 이와 관련
하여 방금 위에서 언급한 과정에서 하나의 계기를 좀 더 자세하
게 부각시켜 볼 수 있는데, 이 계기를 통해 다음에서 서술되는
것의 학문적인 측면에 대한 새로운 빛이 발하여질 수 있을 것
이다. 의식은 **어떤 것**을 인식하며, 이 대상은 본질 혹은 **자체적**
인 것이다. 하지만 이 대상은 또한 의식에 대해서도 **자체적인 것**
이다. 이와 함께 이 참인 것의 이중성이 나타난다. 우리는 의식
이 이제 두 가지 대상을 갖는다는 것을 본다. 하나는 일차적인
자체적인 것이며, 다른 하나는 **이 자체적인 것의 의식에 대한 존재**
(das Für-es-Sein dieses Ansich)다. 후자는 우선 의식의 자기 자체 내
로의 반성(Reflexion des Bewußtseins in sich selbst)일 뿐인 것으로 보

인다. 즉 대상에 대한 표상작용(Vorstellen)이 아니라 저 일차적인 자체적인 것에 대한 의식의 지를 표상하는 작용일 뿐인 것으로 보인다. 그러나 앞에서 제시되었던 것처럼 의식 속에서 이러한 의식의 자기 내로의 반성(Reflexion des Bewußtseins in sich)과 더불어 [일차적인 자체적인 것에 대한 지가 표상되면서] 최초의 대상은 변화한다. 대상은 자체적인 것이기를 그치고 의식에게서 단지 **의식에 대해서 자체적인 것인 것**으로 된다. 하지만 그럼으로써 이제 이것, 즉 이 자체적인 것의 **의식에 대한 존재**(das Für-es-Sein dieses Ansich)는 참인 것(das Wahre)이다. 다시 말하면 이것은 **본질** 혹은 의식의 **대상**인 것이다. 이러한 새로운 대상은 최초의 대상의 무실성(die Nichtigkeit)을 포함하고 있으며 이 새로운 대상은 최초의 대상에 대해 만들어진 경험이다.

[15] 이러한 경험 과정의 서술에는 이러한 경험을 일반적으로 경험이라 이해되어 온 것과 일치하지 않는 것처럼 보이게 하는 한 계기가 있다. 왜냐하면 최초의 대상과 그 대상에 대한 지로부터 다른 대상으로의 이행이 일어나며 **이 대상에서**[대상에 직면하여] 경험이 형성되었다고 말해지는데, 이러한 이행에 대해 언급되었던 내용은, 최초의 대상에 대한 지, 다시 말하면 최초의 자체적인 것의 의식에 **대한** 존재(Für-das-Bewußtsein des ersten Ansich)가 두 번째 대상 자체가 되어야만 한다는 것이었기 때문이다. 이와 반대로 보통 우리는 우연적이고 외면적인 것으로 생각되는 **어떤 다른 대상에서** 우리의 최초의 개념의 비 진리를 경

험함으로써 일반적으로 그 자체 독자적으로 있는 것(was an und für sich ist)의 순수한 **파악**(Auffassen)만이 우리에게 귀속되는 것처럼 보인다. 하지만 전자의 견해에서 새로운 대상은 **의식** 자체의 **전복**(Umkehrung des Bewußtseins selbst)에 의해 생성된(geworden) 것으로 나타난다. 사태의 이러한 고찰은 우리의 부가(Zutat)이며 이러한 부가를 통해 의식의 일련의 경험들은 학문적인 길로 고양되지만, 이러한 부가가 우리가 고찰하는 의식에 대해 있는 것은 아니다. 하지만 이것은 실은 이미 위에서 이 서술과 회의주의의 관계를 고려할 때 언급되었던 것과 동일한 상황이다. 말하자면 참이 아닌 지에서 나타나는 각각의 결과는 공허한 무로 귀결되어서는 안 되고 필연적으로 그 결과를 **결과로서 만든 것의** 무로서 파악되어야 한다는 것, 다시 말해 그것은 선행하는 지가 지니는 참된 것을 포함하는 결과로서 파악되어야 한다는 것이다. 이러한 사실이 여기에서 띠게 되는 모습은, 맨 처음 대상으로서 나타났던 것이 의식에서 그 대상에 대한 지로 격하되고 **자체존재는 이 자체존재의 의식에 대한 존재**(Für-das-Bewußtsein-Sein des Ansich)로 되면서 이 후자가 새로운 대상이 된다는 것이며, 이와 함께 새로운 형태의 의식이 나타나는데 이 형태에서는 선행하는 것에서와는 다른 것이 본질이 된다는 것이다. 의식의 형태들의 전체 계열을 그것들의 필연성 속에서 이끄는 것이 바로 이러한 사정이다. 이러한 필연성 자체만이, 혹은 의식이 어떻게 그것이 자신에게서 일어나는지 알지 못한 채 의식에게서 나타나는 새로운 대상의 **발생**(Entstehung)만이, 우리에게, 말하자면 의식의 배후(hinter seinem Rücken)에서 일어나고 있는 것이다. 그럼으로써 **자체존재**(Ansichsein) 혹은 **우리에 대한 존재**(Fürunssein)라는 계기가 의식의 운동 속에 등장하게 되는데, 이 계기는 경험 자체 속에서 파악되는 의식에게는 드러나지 않는다. 하지만 우리에게 발생하는 것의 **내용**은 **의식에 대해**(für es) 존재하며, 우리는 그것의 형식적인 면 혹은 그것의 순수한 발생(reines Entstehen)만을 파악한다. 이렇게 발생되는 것은 **의식에 대하여는**(für es) 대상으로서만 존재하며, **우리에 대해서는**(für uns) 동시에 운동(Bewegung)이자 생성(Werden)으로서 존재한다.

[16] 이러한 필연성으로 인하여 학문으로 나아가는 이러한 길 자체가 이미 **학문**이며, 이와 함께 이 학문의 내용의 측면에서 볼 때 이러한 길은 **의식의 경험**의 학(Wissenschaft der Erfahrung des Bewußtseins)이다.

[17] 의식이 자신에 대해 만드는 경험은 그 개념의 측면에서 볼 때 다름 아닌 의식의 온전한 체계나 정신의 진리의 온전한 왕국을 포함할 수 있다. 그럼으로써 정신의 진리의 계기들은 이러한 고유한 규정성 속에서, 추상적이고 순수한 계기로서 나타나는 것이 아니라, 의식에 대해 존재하는 계기로서 나타나거나 혹은 의식 자신이 이 계기들과 관계하면서 등장함으로써 전체의 계기들이 **의식의 형태들**(Gestalten des Bewußtseins)이 되는 그러한 모습으로서 나타난다. 의식이 자신의 참된 실존을 향해 스스

로를 추동해 나감으로써, 의식은 단지 의식에만 존재하는 낯선 것(Fremdartiges), 또 타자로서 존재하는 낯선 것과 붙어 있는 자신의 가상(Schein)을 벗어 버리는 지점에 도달하게 된다. 다시 말해서 의식은 현상이 본질과 같아지는 지점에 도달하게 되는데, 이로써 의식의 서술은 정신의 진정한 학문이 성립하는 바로 이러한 지점과 일치하게 된다. 그리고 마침내 의식 자체가 이러한 자신의 본질을 파악함으로써 의식은 절대지(das absolute Wissen)의 본성 자체를 나타낼 것이다.

국내 발행 논문 및 저서

강순전, 「헤겔 철학에서 반성의 전개와 변증법의 형성」, 『철학연구』, 44집 봄, 철학
　　연구회, 1999.

_____, 「의식의 경험으로서의 인식 – 헤겔 정신현상학의 서론(Einleitung)을 중심
　　으로」, 『철학연구』, 54집, 철학연구회, 2001.

_____, 「정신현상학과 논리학 – 헤겔의 정신현상학에서 의식의 형태들과 논리적
　　규정들의 상응관계」, 『철학』 79집, 한국철학회, 2004.

_____, 「헤겔정신현상학에서 칸트와 피히테의 관념론비판」, 『철학탐구』 20집, 중
　　앙철학연구소, 2006.

_____, 『칸트에서 헤겔로』, 철학과 현실사, 2008.

_____, 「정신현상학 이성 장에 나타난 헤겔의 자연법칙관 – 자연의 관찰 연구
　　(1)」, 『헤겔연구』, 제25호, 한국헤겔학회, 2009.

_____, 「정신현상학 이성 장에 나타난 헤겔의 유기체관 – '자연의 관찰' 연구 (2)」,
　　『헤겔연구』, 제26호, 한국헤겔학회, 2009.

_____, 「관망과 부가」, 『인문과학연구논총』, 명지대학교 인문과학연구소, 30집,
　　2009.

_____, 「헤겔 정신현상학에서 의식의 자기검사와 우리의 부가」, 『철학사상』 제55
　　호, 서울대학교 철학사상연구소, 2015.

박정훈, 「개념과 역사 – 헤겔 정신현상학의 체계론적 위상」, 『헤겔연구』, 제36호,
　　한국헤겔학회, 2014.

유헌식, 「새로운 의식의 출현과정과 그 서술의 문제 – 정신현상학 서론 분석」, 『헤

겔연구』, 제8권 1호, 한국헤겔학회, 1998.

이정은, 「독일관념론의 불행한 이반자 ─ 헤겔을 무시한 슐레겔」, 『시대와 철학』, 제
27권, 1호, 한국철학사상연구회, 2016.

이종철, 「헤겔 정신현상학의 이중구조와 방법의 문제」, 『가톨릭철학』, 제12호, 한국
가톨릭철학회, 2009.

최신환, 『정신현상학 ─ 자기 내적 거리유지의 오디세이아』, 살림, 2007.

Adorno, T. W., 아도르노, 『부정변증법』, 홍승용 역, 한길사, 1999. (*Negative Dialektik*, 1996)

Benhabib, S., 벤하비브, 『비판, 규범, 유토피아 ─ 비판이론의 토대 연구』, 정대성
역, 울력, 2008. (*Critique, Norm and Utopia: A Study of the Foundation of Critical Theory*, 1986)

Deleuze, G., 들뢰즈, 『니체와 철학』, 이경신 역, 민음사, 1998. (*Nietzsche et la Philosophie*, 1962)

Hyppolite, J., 이뽈리뜨, 『헤겔의 정신현상학』, 이종철, 김상환 역, 문예출판사,
1986. (*Genese et structure de la phenomenologie de l'esprit de Hegel*, 1946)

Kojeve, A., 코제브, 『역사와 현실 변증법』, 설헌영 역, 도서출판 한벗, 1981. (*Hegel. Eine Vergegenwärtigung seines Denkens. Kommentar zur Phänomenologie des Geistes*, 1975)

Marx, W., 마르크스, 『헤겔의 정신 현상학 ─ 서문과 서론에 나타난 『정신현상학』
의 이념 규정』, 장춘익 역, 서광사, 1984. (*Hegels Phänomenologie des Geistes*, 1981)

해외 발행 논문 및 저서

Arndt, A. (hg.), "Hegels Phänomenologie des Geistes heute," *Deutsche Zeitschrift für Philosophie*, Sonderband 8, Berlin 2004.

Bonsiepen, W., "Einleitung," in: *Phänomenologie des Geistes*, hg. v. Wessels. H.-F.

und Clairmont. H, Hamburg, 1988. (PhB 414)

Bykova, "Hegels Begriff des Geistes in Hegels Phänomenologie des Geistes," in: *Phänomen und Analyse. Grundbegriffe der Philosophie des 20. Jahrhunderts in Erinnerung Hegels Phänomenologie des Geistes (1807)*, Würzburg, 2008.

Claesges, U., *Darstellung des erscheinenden Wissens. Systematische Einleitung in Hegels Phänomenologie des Geistes*, Bonn 1987. (Hegel-Studien Beiheft 21)

Düsing, K., *Schellings und Hegels erste absolute Metaphysik* (1801-1802). Zusammenfassende Vorlesungsnachschriften von I. P. V. Troxler, hg. eingeleitet und mit Interpretationen versehen von Düsing. K, Köln, 1988.

_____, "Hegels Phänomenologie und die idealistische Geschichte des Selbstbewusstseins," in: *Hegel-Studien* 28, 1993.

_____, "Der Begriff der Vernunft in Hegels Phänomenologie," in: V*ernunft in der Moderne*, Stuttgart, 1994.

Emundts, D., *Erfahren und Erkennen. Hegels Theorie der Wirklichkeit*, Frankfurt a. M. 2012.

Fichte, J. G., *Grundlage der gesamten Wissenschaftlehre als Handschrift für seine Zuhörer (1974)*, Hamburg 1988. (PhB 246)

Fulda, H.-F., *Das Problem einer Einleitung in Hegels Wissenschaft der Logik*, 2. Aufl. Frankfurt a. M. 1975.

_____, "Zur Logik der Phänomenologie von 1807," hrsg. von Gadamer. H.-G., 2. Aufl. Bonn 1984. (Hegel-Tage Royaumont 1964, Hegel-Studien Beiheft 3)

Fulda, H.-F., Henrich, D. (hg.), *Materialien zu Hegels Phänomenologie des Geistes*, Frankfurt a. M. 1973.

Gadamer. H.-G., "Die verkehrte Welt," in: *Hegel-Tage Royaumont 1964*, hg. v. H.-G. Gadamer, 2. Aufl. Bonn 1984. (Hegel-Studien Beiheft 3)

Graeser, A., "Zu Hegels Portrait der sinnlichen Gewißheit," *Phänomenologie des Geistes*, hg. v. D. Köhler und O. Pöggeler, Berlin 1998.

Groll, M., "Der Hegelsche Begriff und das Problem der intellektuellen Anschauung im deutschen Idealismus," in: *Hegel-Jahrbuch*. 1973.

Haering, Th., *Hegel. Sein Wollen und sein Werk*, Leipzig 1929. (Nachdruck 1963)

Hegel, G. W. F., *Briefe von und an Hegel*, Bd. 1, hg. v. Hoffmeister. J. Hamburg, 1952.

_____, *Differenz des Fichteschen und Schellingschen Systems der Philosophie*, in: Theorie Werkausgabe, Werke in zwanzig Bänden, Bd. 2, Frankfurt a. M., 1969ff.

_____, *Differenz des Fichteschen und Schellingschen Systems der Philosophie*, Gesammelte Werke, Bd. 4, Hamburg 1968ff.

_____, *Verhältnis des Skeptizismus zur Philosophie*, in: Theorie Werkausgabe, Bd. 2.

_____, *Verhältnis des Skeptizismus zur Philosophie*, in: Gesammelte Werke Bd. 4.

_____, *Phänomenologie des Geistes*, Therorie Werkausgabe, Bd. 3.

_____, *Phänomenologie des Geistes*, Gesammelte Werke, Bd 9.

_____, *Logik, Metaphysik, Naturphilosophie (1804/05)*, Gesammelte Werke, Bd. 7.

_____, *Naturphilosophie und Philosophie des Geistes*, Gesammelte Werke, Bd. 8.

_____, *Wissenschaft der Logik I*, Therorie Werkausgabe, Bd. 5.

_____, *Wissenschaft der Logik I/I (1832)*, Gesammelte Werke, Bd. 21.

_____, *Wissenschaft der Logik II*, Therorie Werkausgabe, Bd. 6.

_____, *Wissenschaft der Logik I (1812/1813)*, Gesammelte Werke, Bd. 11.

_____, *Wissenschaft der Logik II (1816)*, Gesammelte Werke, Bd 12.

_____, *Enzyklopädie der philosophischen Wissenschaften im Grundrisse I*, Therorie Werkausgabe, Bd. 8.

_____, *Enzyklopädie der philosophischen Wissenschaften im Grundrisse(1830)*, Gesammelte Werke, Bd 20.

Heidegger, M., "Hegels Begriff der Erfahrung," *Holzwege*, 6. durchgesehene Auflage, Frankfurt a. M. 1980.

Heinrichs, J., *Die Logik der Phänomenologie des Geistes*, Bonn, 1974.

Horstmann, R.-P., "Hegels Ordnung der Dinge. Die Phänomenologie des Geistes als transzentalistisches Argument für eine monistische Ontologie und seine erkenntnistheoretischen Implikationen," in: *Hegel-Studien* 41, 2006.

Iber, C., "Hegels Paradigmenwechsel vom Bewusstsein zum Geist," in: *Hegels Einleitung in die Phänomenologie des Geistes*, hg. v. J. Karasek, Würzburg, 2006.

Jaeschke, W., "Genealogie des Rechts," in: *Gestalten des Bewußtseins. Genealogisches Denken im Kontext Hegels*, hg. v. B. Sandkaulen. u. a., Hamburg 2009. (Hegel-Studein Beiheft 52)

Kaeler, K., Marx, W., *Die Vernunft in Hegels Phänomenologie des Geistes*, Frankfurt a. M. 1992.

Kant, I., *Kritik der reinen Vernunft*, Hamburg, 1998.

_____, *Logik*, Gesammelte Schriften, Akademie Ausgabe, Bd. 9, Berlin 1900ff.

Ottmann, H., "Die Genealogie der Moral und ihr Verhältnis zur Sittlichkeit," in: *Gestalten des Bewußtseins. Genealogisches Denken im Kontext Hegels*, hg. v. B. Sandkaulen. u. a., Hamburg 2009. (Hegel-Studein Beiheft 52)

Puntel, L. B., *Darstellung, Methode und Struktur*, Bonn 1973. (Hegel-Studien Beiheft 10)

Rosenkranz, K., *Georg Wilhelm Friedrich Hegels Leben*, Mit einer Nachbemerkung zum Nachdruck, hg. v. O. Pöggeler, Darmstadt 1977.

Röttges, H., *Der Begriff der Methode in der Philosophie Hegels*, Königstein/Ts, 1981.

Sandkaulen, B., "Vorwort," in: *Gestalten des Bewußtseins. Genealogisches Denken im Kontext Hegels*, hg. v. B. Sandkaulen. u. a., Hamburg 2009. (Hegel-Studein Beiheft 52)

_____, "Wissenschaft und Bildung. Zur konzeptionellen Problematik von Hegels Phänomenologie des Geistes," in: *Gestalten des Bewußtseins. Genealogisches Denken im Kontext Hegels*, hg. v. B. Sandkaulen. u. a., Hamburg 2009. (Hegel-Studein Beiheft 52)

Siep, L., *Der Weg der Phänomenologie des Geistes. Ein einführender Kommentar zu Hegels "Differenzschrift" und "Phänomenologie des Geistes,"* Frankfurt a. M. 2000.

Schweikle, G. und I. (hg.), *Metzler Literaturlexikon*, zweite, überarbeitete Auflage, Stuttgart 1990.

Jaeschke, W., "Genealogie des Rechts," in: *Gestalten des Bewußtseins. Genealogisches Denken im Kontext Hegels*, hg. v. B. Sandkaulen. u. a., Hamburg 2009. (Hegel-Studein Beiheft 52)

Trede, J. H., "Phänomenologie und Logik," in: *Hegel-Studien* 10, 1975.

Wahsner, R., "Das naturwissenschaftliche Gesetz. Hegels Rezeption der neuzeitlichen Naturbetrachtung in der Phänomenologie des Geistes und sein Konzeption von Philosophie als Wissenschaft," in: *Hegel Jahrbuch* 2001.

Wandschneider, D., "Die phänomenologische Auflösung des Induktionsproblems im szientische Idealismus der beobachtenden Vernunft. Ein wissenschaftstheoretisches Lehrstückt in Hegels Phänomenologie des Geistes," in: *Hegels Jenaer Naturphilosophie*, hg. v. K. Vieweg, München 1998.

Wolff. C., *Vernünftige Gedanken (1)*, *Logik*, Gesammelte Werke, I. Abt., Hildesheim 1965.

_____, *Vernünftige Gedanken (2)*, *Metaphysik*, Gesammelte Werke, I. Abt., Hildesheim 1983.